Guía práctica para interpretar los sueños

Susy Nelson

GUÍA PRÁCTICA PARA INTERPRETAR LOS SUEÑOS

dve
PUBLISHING

© Editorial De Vecchi, S. A. 2018
© [2018] Confidential Concepts International Ltd., Ireland
Subsidiary company of Confidential Concepts Inc, USA
ISBN: 978-1-68325-850-6

Índice

Introducción

«Los sueños se embarcaron un día con su padre, el Sueño, dirigiéndose hacia una isla encantada, pero el Sueño, que había ofendido al dios de las Tormentas concediendo reposo nocturno a algunos marineros que este dios iracundo perseguía con toda su furia, vio a su vez cómo los vientos se vengaban de él lanzándolo hacia una tierra inhospita en la que no había nada para salvar a los hombres del aburrimiento, pero la potencia del dios de las Tempestades cesaba con el crepúsculo, al comenzar el reino de la Noche y de la Luna. De este modo el padre de los sueños, teniendo piedad de la tristeza que embargaba a sus propios hijos, les permitió evadirse de ella nada más comenzar la noche. Por esto cuando empiezan a aparecer las sombras nocturnas, los sueños emprenden el vuelo y se esparcen por todas partes dando lugar, según su carácter, a dulcísimos sueños en algunas personas o a penosas pesadillas en otras.»

Esta leyenda árabe explica el origen de los sueños, porque ya desde los tiempos más remotos el hombre ha intentado siempre dar con una explicación práctica de los sueños, hasta el punto de haber desarrollado una ciencia interpretativa llamada *oniromancia*, es decir, adivinación de los sueños.

En la antigua Grecia, por ejemplo, los sueños tenían influencia sobre la religión y eran tenidos en cuenta para efectuar oráculos enigmáticos. Artemidoro de Éfeso que vivió en el siglo II d. de C. y escribio un tratado sobre la interpretación de los sueños, fue considerado en sus tiempos y también en la actualidad como el maestro de la explicación onírica. Este atribuía siempre al hombre sereno y tranquilo la capacidad de tener sueños siempre referidos a revelaciones positivas.

La importancia que se atribuía a los sueños en Babilonia era tan importante que fueron creados sacerdotes especiales llamados «barú», quienes interrogaban a Bamas, el dios del Sol, llamado por ellos «el Señor de la visión». En los tiempos de Esculapio, dios romano de la medicina, era frecuente acudir al Templo de los Sueños, para obtener una explicación de los sueños nocturnos.

Los antiguos atribuían aspectos y significados muy particulares a los sueños y los clasificaban de la siguiente manera.

Sueños que significaban un dominio de la sangre: cuando un hombre tiene un temperamento sanguíneo, sueña con un color rojo como el del cinabrio o el de una rosa roja. Sueña que está comiendo manjares dulces o que ve carnes sanguinolentas y muchas otras cosas rojas.

Sueños que significan un dominio de la cólera: cuando domina la cólera, el hombre sueña con un fuego ardiente, con carbones encendidos, con chispas, con hogueras, con un cielo rojo, con bronce, oro y cobre.

Sueños que significan un dominio de la calma: cuando prevalece esta característica el hombre sueña que está lloviendo, sueña con ríos, con puentes, agua, pozos, lagos, con una nave que corre, con peces, redes, manos y paños de color blanco.

Sueños que significan un dominio de la melancolía: cuando reina la melancolía, el hombre sueña con el color negro, con las tinieblas, con las sepulturas, con hospitales, miedos, cadáveres, tristezas, impotencias, que se encuentra en la cárcel y cosas semejantes.

Hoy en día tan sólo los ocultistas continúan asegurando que los sueños tienen una estrecha relación con el estado de salud de la persona que sueña. Para los psicoanalistas es el subconsciente el que se revela y se pone de manifiesto en los sueños; es la esfera neurológica y psíquica de esta modernísima ciencia la que reconoce los complejos (es decir los instintos, las aspiraciones, las inclinaciones más reprimidas y sofocadas) que impiden al individuo manifestar su propia personalidad dando lugar a un desequilibrio físico y a un gran sufrimiento moral. El sueño, por tanto, poniendo en movimiento el subconsciente, se convierte en el capítulo fundamental de la medicina psicoanalítica. René Alledy nos dice: «La interpretación de los sueños se ha convertido, en el método psicoanalítico, en un proceso de curación de los trastornos psíquicos. En efecto, el sueño indica, a los que saben interpretarlos, los más profundos e importantes conflictos que tienen lugar en el ánimo de cada individuo. Con este método resulta posible llevar los conflictos hacia la luz de la conciencia y hacerlos, con este método, susceptibles para resolverlos.» Según Freud y sus seguidores, la carga sexual que cada individuo contiene desde el nacimiento y que perdura hasta la muerte, se manifiesta confusamente en sueños, sirviéndose de símbolos, transfiriéndola a distintos objetos, condensándose en imágenes asociadas por semejanzas y contigüidades. En efecto, Freud dice: «El sueño es la realización alterada de un deseo, es decir, su realización simbólica.» En un capítulo próximo hablaremos de la interpretación psicoanalítica de los sueños.

La medicina india y china discierne en los sueños, desde hace muchos siglos, los diagnósticos de las enfermedades. En su sistema los sueños están divididos en cinco categorías, correspondientes a las vísceras más importantes: corazón, pulmones, riñones, bazo e hígado. Cada categoría está subdividida según los estados anormales del órgano, admitiendo que el estado normal no produzca sueños de ninguna clase.

Corazón: Soñar con fantasmas, monstruos, formas terroríficas es síntoma de mal funcionamiento del corazón (vasos obstruidos); replección. Soñar con fuego, humo, luz, incendios indica también mal funcionamiento del corazón (deslumbramiento producido por una insuficiente corriente sanguínea y una disminución del ritmo), e inanición (estado de agotamiento producido por una nutrición insuficiente).

Pulmones: Soñar con guerras, armas, soldados, es síntoma de mal funcionamiento pulmonar; replección. Soñar con llanuras, mar, campo, calles y viajes difíciles, indica mal funcionamiento de los pulmones; inanición.

Riñones: Soñar que estamos agotados y llenos de cansancio con dolores de espalda, indica un mal funcionamiento de los riñones; replección de los canales; inanición.

9

Bazo: Soñar en fiestas, cantos, música, placeres indica mal funcionamiento del bazo. Soñar con riesgos, peleas, disputas es síntoma de funcionamiento defectuoso del bazo; inanición.

Hígado: Soñar en selvas inextricables, en montañas inasequibles, en árboles, es síntoma de mal funcionamiento del hígado; repleción. Soñar con hierbas, prados, campos, indica mal funcionamiento del hígado, inanición.

Existen dos enfermedades infecciosas que también se expresan a través de los sueños. Son:

Anemia: Soñar con riachuelos, con fuentes murmurantes, con cascadas, es síntoma de anemia.

Asma: Soñar con asesinos, con ahorcados, estrangulamientos, es signo de sofocación asmática.

Es evidente la diferencia que existe entre la interpretación de los sueños hecha por los psicoanalistas y los onirocríticos. Todo no puede ser justificado a través del sexo y la sexualidad, ya que limitar la actividad humana, consciente o inconsciente, a deseos insatisfechos o reprimidos o bien olvidados en la nebulosidad del recuerdo y de las sensaciones imprecisas próximas o lejanas, significa restringir un campo de indagaciones y de experiencias mucho más vasto y que comprende manifestaciones que no tiene ninguna relación con la sexualidad.

Nuestros antepasados daban el nombre de «brizomancia» al arte de explicar los sueños para deducir el futuro; actualmente se le da el nombre de «oniromancia», que proviene de *oneiros* (sueños) y *manteia* (adivinación).

En este punto surgen inmediatamente algunas preguntas. ¿Qué son los sueños? ¿Se puede y se debe confiar en ellos? ¿Cómo podemos identificarlos, analizarlos, traducirlos y hacerlos inteligibles? Si es cierto que no todos los sueños mienten, ¿cómo clasificarlos y reconocerlos? ¿En qué medida se deben aceptar los sueños proféticos y bajo qué advertencias o presagios?

La señorita Lenormand, «Madame de Thèbes», gran experta en este arte, después de haber hecho una clara distinción entre los sueños que dependen de las molestias orgánicas y los sueños instintivos que no tienen ninguna causa fisiológica y de los cuales se ocupa la oniromancia, reduce a un diez por ciento los sueños que deben tomarse en consideración. Ella misma dice:

«No hay que dar a la interpretación de los sueños el carácter de certeza absoluta. Es necesario distinguir la ciencia de la fantasía y admitir que los sueños son, sobre todo, reminiscencias y reflejos de nuestras preocupaciones más que presagios. No debe considerarse la clave de los sueños como si se tratara del Evangelio. Todo lo que se puede decir del misterioso porvenir, cuyo conocimiento atormentó siempre a la humanidad, no podrá fundarse más que en hipótesis y en coincidencias.»

Pero ¿en qué consisten realmente los sueños? Para los teósofos, serán el yo astral; para Freud, los deseos reprimidos; para el ocultista, una vigilante actividad del espíritu durante el reposo de la materia; para un tradicionalista, la posición de los miembros.

El sueño es, además, una manifestación humana, viva y latente, y un misterioso enigma. Schopenhauer, el gran filósofo alemán, expresaba sobre este propósito algunos pensamientos. Decía:

«...El primer paso que se debe dar es una fisiología efectiva del sueño, es decir, que se debería tener un conocimiento claro y seguro de la actividad particular del cerebro durante el sueño y de lo que distingue particularmente a esta actividad de la que tiene en estado de vela; finalmente, se tendría que conocer de dónde proviene la excitación de esta actividad y, por consiguiente, el conocimiento preciso de todo el proceso. En lo que concierne al entero dominio de la actividad intuitiva y pensante del cerebro durante el sueño, en la actualidad sólo podemos afirmar con entera seguridad lo siguiente: primeramente el órgano material de esta actividad, a pesar del relativo reposo del cerebro, no es más que el mismo cerebro, y en segundo lugar, la excitación de esta visión del sueño, no pudiendo venir del exterior a través de los sentidos, debe provenir del interior del organismo.

»Nosotros tenemos, durante el sueño, sensaciones reales de luz, de color, de olor, de gusto, sin la acción de las causas exteriores que ordinariamente las provocan, simplemente debido a los efectos de una incitación interior...»

Sólo los sueños intuitivos deben tomarse en consideración para los fines de adivinación. Pero, por otra parte, ¿cuántos millares y millares de sueños premonitorios no son resultados vanos?

Madame de Thèbes contesta:

11

«Las contradicciones entre las claves de los sueños son solamente aparentes, los sueños nunca se presentan de una forma definida y la interpretación de los mismos varía según el color, la relación o la sucesión de las imágenes. De este modo, una clave como feliz presagio nos la da el perro que hemos visto en sueños, y otra clave nos la puede dar como un síntoma de mal augurio; ahora bien, el buen presagio existe si el perro es blanco, mientras que si es gris anuncia desgracias, negro ruina y rojo discordia o guerra.»

Estas indicaciones varían según el signo del interesado, ya que las influencias astrales se hacen sentir siempre. Por ejemplo, soñar con una serpiente amenazadora, anuncia molestias para los saturnianos y amenazas para los que están bajo el dominio de Júpiter y si bien para estos soñar con agua es un anuncio de adversidades, para los que están bajo la influencia de la Luna, les promete alegrías y suerte.

Finalmente, las contradicciones reales se explican con las diferentes interpretaciones dadas a los sueños en los distintos países, pues unos dicen que ciertos sueños son desfavorables y otros que son favorables.

Los ocultistas ven en los sueños una forma de telepatía o de presentimientos, es decir, de percepción a distancia y sin la ayuda de los sentidos. Pero en el mundo espiritual sucede lo mismo que en el mundo físico, es decir, que no todos los presentimientos se realizan, así como no todas las siembras producen fruto. Algunas causas que a veces se nos escapan, otras que son el resultado de nuestra voluntad puesta de manifiesto en el sueño, detienen o precipitan los acontecimientos futuros. Una dificultad que haya sido estudiada muchas veces durante el día, se resuelve durante la noche; en este caso los presentimientos son justos. Una sensación que haya permanecido reprimida durante mucho tiempo, se despierta y constituye una advertencia para reanudar la propia vida en el punto donde la hemos truncado.

Como en la creación no existe nada que sea inútil, creemos que es un indicio de perfecto equilibrio en nuestras facultades tener unos sueños lúcidos; en cambio, si tenemos sueños oscuros y difíciles de descifrar, es indicio claro de una imperfecta funcionalidad. Despierto o dormido, el individuo sueña siempre, pero durante el día el sueño queda enfocado por la acción, mientras que durante la noche habla por sí solo. Los sueños forman parte del pasado, del presente y del futuro y constituyen una advertencia, un consejo o un resultado; los sueños que no tienen valor son en seguida identificables y coinciden con los que se tienen durante las primeras horas del sueño, en las cercanías de la digestión, con los que se refieren a cosas o a personas de las que se haya hablado recientemente, con las pesadillas febriles derivadas de una preocupación, de un temor, de una lectura o de un espectáculo, con los sueños que dependen de la posición del durmiente y con los sueños dependientes de un estado infeccioso o de causas externas como el frío o el ruido.

Algunas veces, de los sueños podemos obtener advertencias sobre nuestra salud física. Verse precipitar desde arriba significa un corazón débil y cansado. Correr con esfuerzo significa molestias en el estómago. Ser perseguidos y huir desesperadamente indica enfermedades del riñón. Soñar que amamos concretamente a una persona quiere decir que es conveniente que nos casemos para restablecer el equilibrio de nuestro cuerpo y de nuestros humores. El curioso «sueño en el sueño», no es tan extraño como se cree generalmente, es el mejor testimonio de una extrema sensibilidad y, en algunos casos menos frecuentes, es una advertencia de un probable estado de agotamiento físico y nervioso.

Los planetas y las estrellas, según sus lugares y aspectos, conjunciones y movimientos, influencian e impresionan el cerebro de los seres humanos y de los animales, provocando el sueño de cosas conformes y correspondientes a su disposición. Otro influjo notable nos lo da la Luna en sus distintas fases, porque así como altera los humores en los cuerpos, también puede alterar el transcurso de los sueños.

Júpiter da lugar a sueños religiosos y nos dirige en la dirección de nuestras propias ambiciones. Júpiter material nos hace soñar con banquetes animados por cantos, con grandes espectáculos de la naturaleza, con paisajes ricos en vegetación, con flores, frutos y con agua.

Saturno genera sueños sangrientos y de muerte cuando es influenciado por Marte; los trabajos largos, infinitos y la parte incomprensible de la vida. Los abismos, los aspectos rudos de la naturaleza, las voces roncas y los colores oscuros.

Apolo proporciona a las personas más delicadas los símbolos artísticos, la unión de las tres artes, la tríada del canto, del color y del perfume; a las personas menos nobles les produce sueños concernientes a la parte brillante, suntuosa y plástica de la riqueza. Mercurio hace que el sueño sea perspicaz, le confiere una apariencia de certidumbre y atormenta a los sabios en los sueños. Mercurio material siente placer en perseguir los placeres y es creador de estratagemas.

Marte es la guerra, la valentía, el miedo y el color rojo.

Venus es el sexo convertido algunas veces en más intenso por los ardores de Marte.

La Luna es el mismo sueño, es decir, que es el sueño en sí mismo. Los sueños dejarían de existir si no fuera por su etérea influencia. La Luna evoca al mar; la lluvia, al verde de las praderas; forma a los soñadores incorregibles, a los visionarios y a los mediums.

Al recoger algunas de las creencias populares más difundidas, no queremos dejar de advertir al lector sobre su exactitud y su veracidad. No se puede obtener una interpretación simplemente a través de un diccionario onírico o de las claves corrientes de los sueños, sino que sólo se puede obtener por medio de un profundo examen de las diversas circunstancias externas e internas como las condiciones de los órganos del cuerpo, la calidad e intensidad del trabajo, el tipo planetario, el transcurso de la lunación, las emociones y los temas de conversación tenidos recientemente y, por último, la consistencia del mismo sueño. Por consiguiente, sabemos que una interpretación nunca puede ser genérica sino que tiene que ser individual, variando de sujeto a sujeto. Con razón escribió un famoso investigador de los sueños: «Existe una gran diferencia en los tipos de sueño según la complexión, los pensamientos, los afectos y las variedades de estudios y de ocupaciones. Nos podemos encontrar con personas que nunca sueñan y con otras que sueñan siempre. Existen personas que sueñan durante las primeras horas de reposo y otras que sueñan a la mitad y, por último, existen otras que sólo sueñan hacia el final. Hay también personas que se acuerdan de todo lo que sueñan y que son capaces de contarlo con todos los detalles y otras que no se acuerdan ni son capaces de referirlo. De este modo existe una gran variedad de sueños por motivos diversos, tanto internos como externos, y según la disposición del órgano fantástico donde se recibe la aparición imaginaria y la visión del sueño.»

Atengámonos, por tanto, a las tres reglas siguientes:

1. No meditemos mucho en las imágenes del sueño que sean demasiado vagas o demasiado extrañas.
2. No profundicemos excesivamente en el significado de estas imágenes porque sobre este tema, más que en otro tipo de arte adivinatorio, se puede producir la charlatanería.
3. No hagamos caso de algunas explicaciones categóricas, pues suelen ser simplistas, como la de un autor que afirma que soñar con que se enhebran perlas en un collar es un augurio de aventuras amorosas. Insistiremos en aquellas interpretaciones que recogen pareceres unánimes, tradicionales y que den prueba de un sentido moral.

Hemos querido dar en estas páginas iniciales un panorama universal del estado de la oniromancia. A lo largo de este breve tratado sobre los sueños, los lectores encontrarán un diccionario con los símbolos que la tradición popular atribuye a los objetos, a los hechos y a las personas que constituyen la materia del sueño.

Esperamos que este libro pueda servir de ayuda para comprenderse mejor uno mismo a través de los sueños.

Origen de los sueños

Un antiguo sabio y médico, Hipócrates, observó una neta distinción entre los sueños, según las «fuentes» que los provocan. Este sabio consideraba algunos sueños como reveladores de enfermedades, mientras que otros los atribuía a las divinidades de las que derivaban bajo la forma de mensajes, etc. Afortunadamente, la mentalidad moderna ha dejado de lado muchas supersticiones que pesaban de manera dramática sobre la interpretación de los sueños.

Son conocidos muchos casos de fanatismo y de ignorancia derivados de una interpretación de un sueño, excesivamente rígida y esquemática, sobre la muerte de una persona querida o sobre una traición amorosa.

No debe afrontarse de esta manera el problema del significado y de los símbolos de nuestras «visiones nocturnas».

Los hombres no pueden pretender sustituir a Dios y leer en sí mismos, como si se tratara de un libro, su propio destino. Lo máximo que pueden pretender es obtener parte de la verdad.

El arte de la interpretación de los sueños debe considerarse como un medio, uno de tantos para acercarnos lo menos indignamente posible a la intuición del gran misterio que nos rodea.

Por qué soñamos

Podemos decir que el sueño es la expresión de la actividad mental que se produce durante el reposo de nuestro cuerpo.

Mientras dormimos y nuestro organismo se renueva, la mente aprovecha la interrupción de todas las actividades físicas y sustituye a la actividad normal del pensamiento y de la voluntad, efectuando una misteriosa función que es precisamente la capacidad de soñar.

Cuando dormimos, nuestra mente se encuentra más o menos en las mismas condiciones que un niño que se haya liberado de la vigilancia de los adultos; en este caso, los «adultos» están representados por la conciencia y la razón, siempre dispuestos a dirigir nuestros deseos y nuestras finalidades según las normas de la sociedad y de la moral.

Como ya se sabe, una vez despiertos, la primera misión del hombre es la lucha por la supervivencia. Se trata de una lucha que requiere el empleo de todas nuestras energías. Por esto el hombre suele verse obligado a «enmascararse», es decir, a asumir determinadas actitudes que no siempre corresponden a su naturaleza.

En algunas circunstancias, para conseguir un objetivo, tenemos que adaptarnos y forzar nuestro carácter; por el contrario, otras veces nuestro sentido moral, la conciencia de un deber que tenemos que cumplir, la noción precisa del bien y del mal que radica profundamente dentro de nosotros o la obediencia a los preceptos de la religión, nos empujan a llevar a cabo algunas acciones que exigen un largo y pronunciado esfuerzo de la voluntad y la victoria sobre los instintos que, por su parte, querrían inducirnos a hacer todo lo contrario de lo que la razón considera que es justo y moral.

Ahora bien, durante el sueño, la situación se invierte radicalmente. Separado de sus obligaciones y deberes, como no es responsable de todo lo que le sucede, precisamente porque de momento está privado de conciencia y de voluntad, el hombre aparece como un ser libre.

El sueño es la única situación de la que no debe rendir cuentas. Por otra parte, es también la única situación que no puede utilizarse para obtener fines prácticos.

He aquí la razón por la que el sueño represente una segunda vida, pero una vida que se limita a sí misma.

Este es el motivo fundamental de la importancia que los hombres han atribuido siempre a los sueños, habitantes misteriosos de sus noches.

Fruto de la libertad e independencia absolutas, los sueños les han interesado siempre precisamente por su carácter no utilitario y, por tanto, altamente significativo y digno de toda atención.

Sueños originados por un estímulo sensorial externo

Son los sueños provocados por estímulos externos al hecho de soñar.

Un ejemplo se da cuando una persona que está durmiendo a la intemperie sueña que es capturado por unos hombres que, después de haberle tirado a tierra, le metieron un palo entre los dedos del pie derecho. Al despertarse sobresaltado, se da cuenta de que tiene una espina clavada en el mismo lugar en que soñó que le habían clavado el palo. Este tipo de sueños significa que el estímulo, es decir, la causa externa de la molestia, se advierte primero en sueños y después en la realidad. Naturalmente, en sueños asume aspectos desproporcionados y a menudo aterradores.

Otra situación similar se da cuando alguien sueña que es ahorcado. Al despertarse, se da cuenta de que tiene el cuello del pijama demasiado estrecho, lo que le dificulta la respiración. Forman parte de esta categoría de sueños todas las pesadillas (de incendios, inundaciones, etc.) que son causadas por una sensación de calor, de frío o de otros fenómenos que el cuerpo provoca durante el sueño aun antes de que el durmiente tome conciencia de la realidad.

Sueños originados por un estímulo sensorial interno

En esta categoría se incluyen todos los sueños originados por una necesidad física no satisfecha, como el hambre, la sed, etc.

Son sueños que representan casi siempre la satisfacción desmesurada de tales deseos, seguidos a menudo por la triste realidad del despertar.

Considerados brevemente los sueños provocados por estímulos físicos y sensoriales, pasemos ahora a examinar otra categoría de sueños.

Sueños originados por un estímulo patológico

Las más graves enfermedades así como las más pequeñas indisposiciones pueden dar lugar a sueños durante el sueño que tienen una relación más o menos directa con el órgano enfermo, tanto que hace sospechar a veces la existencia de una enfermedad que en cambio no se evidencia a través de ningún síntoma durante el día.

Las afecciones orgánicas del corazón y de los grandes vasos se anuncian muy a menudo por sueños penosos o por pesadillas seguidas de tristes presentimientos. Si se repiten a menudo pueden considerarse como síntomas precursores de una lesión grave, difícil o imposible de prevenir. Los sueños cuando se manifiestan son brevísimos y generalmente se tienen durante las primeras horas del sueño, seguidos por un despertar sobresaltado. Se une casi siempre el miedo a la muerte repentina o en circunstancias trágicas.

Las hemorragias debidas a congestiones anormales se anuncian algunas veces por medio de sueños rojos, de incendio o de sangre, tanto más intensos y definidos como grave pueda ser la enfermedad.

En la neurosis y en las alineaciones mentales se tienen sueños extraños y extraordinarios que sirven para poner en guardia al interesado.

Las personas en estado febril tienen una sed violenta y sueñan que no la pueden satisfacer; las que sueñan que tienen una pierna cortada o impedida se pueden despertar paralizados o bien quedarse paralíticos en breve tiempo. las alteraciones de los órganos genitales provocan a menudo sueños eróticos, mientras que muchas personas que padecen gastritis sueñan que beben agua límpida y que comen suculentamente; este sueño tiene una continuación de molestia provocada por penosas sensaciones, frecuentes en los individuos con malas digestiones, gastritis, úl-

20

cera o cáncer de estómago. De todas las afecciones, las que dan lugar a los sueños más penosos son las del corazón, las de los grandes vasos del cerebro y las del aparato respiratorio.

Sueños originados por un estímulo psíquico

La causa que provoca estos sueños es una turbación psíquica sentida por el individuo poco antes de dormirse. Forman parte de esta categoría los sueños referentes a personas o cosas que hayan sido objeto de gran interés por nuestra parte durante el día. Otras causas posibles de turbación psíquica pueden ser espectáculos cinematográficos particularmente impresionantes, lectura de un libro policíaco, contemplación de escenas desagradables, preocupaciones del trabajo, temores infantiles que algunas veces atormentan también a los adultos (miedo a la oscuridad, a los ladrones, etc.), emociones fuertes, etc.

Al margen de estas categorías, de las que es bastante simple esclarecer su origen, existe además la gran masa de sueños de carácter psicológico, los sueños «de fantasía» llenos de imágenes fascinadoras y confusas. Son las «visiones» que nuestros antepasados consideraban enviadas por Júpiter o por cualquier otro dios del Olimpo, pero que nosotros actualmente, de forma mucho más sencilla y humilde, creemos que es fruto de nosotros mismos, aunque se produzcan por un mecanismo en gran parte misterioso.

Antes de pasar a considerar más atentamente estos sueños psicológicos, es más interesante desde el punto de vista del símbolo, referirnos a aquella norma práctica que consiste en reducir al máximo las pesadillas de origen físico y psíquico.

Una norma eficacísima es tener paciencia, aunque no siempre es fácil de observar, especialmente en la época en que vivimos, en la que todos tenemos bastante tendencia a ocuparnos de muchísimas cosas a la vez, multiplicando nuestros esfuerzos y alterándonos los nervios. Por ello, lo mejor es mantenernos serenos y calmados en cualquier ocasión.

Una buena dosis de tranquilidad, un poco de humorismo y de serenidad en las labores que tenemos que llevar a cabo, la capacidad de ordenar nuestro trabajo de modo que lo podamos efectuar de la manera más eficaz posible pero sin convertirnos en sus esclavos, son el medio mejor para resguardar nuestra salud y en particular nuestras posibilidades de recuperación nocturna a través de los sueños.

Esto significa que un buen descanso nos debe compensar del cansancio de todo un día de trabajo.

Normas prácticas para un sueño higiénico y reparador

El dormitorio debe estar bien aireado, la cama ha de ser limpia y baja, con almohadas y colchones más bien duros.

Durante el invierno no debemos sofocarnos bajo montones de mantas, sino dormir, si estamos en perfecto estado de salud, con las persianas cerradas y con las ventanas abiertas.

Debemos aprender a tener la boca cerrada respirando regularmente por la nariz. Un buen baño tibio, seguido por un rápido secado sin masaje es lo más conveniente para conciliar el sueño.

Otra regla muy eficaz para los que padecen insomnio es limitar al máximo el uso de café, de cigarrillos y de licores.

No podemos pretender dormir bien después de una comida muy abundante o, peor aún, si nos vamos a la cama sin haber comido. Un buen libro que no sea excitante (nada de libros policíacos ni de horror para las personas muy impresionables), y sobre todo irnos a la cama sin llevarnos todas las preocupaciones del día, es lo mejor que se puede aconsejar para lograr un buen descanso nocturno.

Características de los sueños

A pesar de que el mecanismo de los sueños esté todavía envuelto en el misterio, existen algunos elementos que han sido analizados en profundidad por los estudiosos en sus líneas más esenciales. Para finalizar esta parte que podemos llamar de introducción sobre la «naturaleza del sueño» los consideraremos brevemente.

Los elementos más interesantes de los sueños son, además de sus orígenes, que ya hemos tratado, su intensidad, su lado afectivo, y su lógica.

Frecuencia de los sueños

Esta frecuencia está determinada por el recuerdo que tenemos de nuestros sueños cuando nos encontramos en estado de vela. Este recuerdo siempre es cierto y nebuloso. Muy raramente es posible mantener una noción exacta de lo que sucede durante el sueño.

Nada cierto se puede afirmar sobre la frecuencia con la que soñamos las personas, aunque algunos sostienen que ninguna noche está carente de sueños. El hecho de que algunas veces nos parezca que no hemos soñado se debe a nuestra incapacidad por aferrar lúcidamente todos los aspectos y sensaciones de las «aventuras nocturnas» de nuestro cerebro. Muchas veces esta incapacidad para recordar los sueños depende de la presencia de imágenes demasiado débiles o imprecisas; de este modo, al faltar la lógica, es imposible que los sueños perduren en nuestra memoria. En lo que se refiere a la frecuencia de los sueños, se pueden tener en cuenta algunos datos seguros, como que los niños no sueñan antes del cuarto o quinto año de edad y que después del octavo año el niño sueña normalmente con aventuras terroríficas. Estos sueños suelen ser reminiscencias de los cuentos oídos durante la infancia, poblados de monstruos y de peligros de todas clases. En estos sueños es muy corriente la visión de personas muertas, especialmente personas del ambiente familiar que en un tiempo impresionaron la sensibilidad del niño.

La edad más favorable para la riqueza y frecuencia de los sueños es la juventud y la madurez, mientras que durante la vejez los sueños vuelven a ser confusos y, en gran parte, debidos a sensaciones del pasado, sobre todo de la época juvenil.

Rapidez de los sueños

En lo que se refiere a este elemento, no tenemos datos precisos. Es imposible establecer con cierta seguridad si el ritmo con que las imágenes se desarrollan en el sueño es el mismo que estas imágenes tendrían en la vida real. Se puede observar, a este propósito, que las palabras pronunciadas durante el sueño por algunos soñadores que estén observados, hacen pensar en un ritmo semejante al que tendrían estas mismas palabras si fueran pronunciadas estando despiertos.

Imágenes en el sueño

Todos saben con cuánta confusión las imágenes se presentan en nuestra mente. Cada uno de nosotros sueña, se puede decir, según su carácter.

Durante el sueño, algunos sentidos humanos están mucho más agudizados. Entre ellos, el que se agudiza de modo particular es la vista (es conocido, por ejemplo, que algunos individuos extraordinariamente sensibles sueñan con colores); otro sentido que también queda muy agudizado es el del oído. Son agudísimas, como ya hemos dicho al hablar de las pesadillas, las sensaciones táctiles de calor y de frío. En cambio, parecen estar menos agudizados los sentidos del gusto y del olfato.

La personalidad del soñador

La condición de la personalidad humana durante el sueño no ha sido todavía completamente esclarecida.

Así como son muy diversos los temas que se pueden llegar a soñar, son también diversas las actitudes del individuo. Algunos soñadores pierden completamente el sentido de sí mismos, asumiendo una personalidad ficticia e irreal; otros, aun soñando, saben quiénes son y nunca pierden la conciencia de este hecho.

De todos modos, en general se tiende a creer que en el sueño la conciencia se reduce a las sensaciones orgánicas asociadas a representaciones acústicas y visuales. Parece evidente que a la personalidad del soñador, privada de los puntos de referencia (el tiempo y el espacio) con los que se suele enfrentar a la realidad, asume un carácter confuso y nebuloso. En efecto, al soñar, es muy fácil mezclar distintas personalidades (en un determinado momento se es uno mismo y al momento siguiente se convierte uno en un desconocido, etc.), así como se amontonan impresiones de lugares, de personas y de tiempos.

Intensidad de los sueños

La intensidad con la que el hombre se sumerge en un sueño determinado varía de persona a persona. Todos han tenido seguramente la experiencia de lo precisa y real que puede resultar algunas veces la vivencia soñada, hasta el punto de que el soñador, al despertarse, no consigue darse cuenta en seguida de que está bajo la influencia de un sueño, sino que relaciona inconscientemente las experiencias del sueño con las de la realidad. El alivio, el sobresalto o la desilusión que podemos experimentar al tener conciencia de un sueño según que haya sido bonito o desagradable, es una prueba más que suficiente de la intensidad y vivacidad del mismo sueño.

Algunas veces esta intensidad es mínima. Estos casos son los que dan lugar a que, al despertar, tengamos la sensación de que algo incierto y nebuloso ha acontecido durante la noche, o bien pueden dar lugar al convencimiento de que no hemos soñado nada.

El lado afectivo de los sueños

De este lado afectivo, que ha sido muy bien ilustrado por el médico austriaco Freud, podemos por ahora decir simplemente que se trata de una característica por la cual las ideas diversas se fundan en símbolos, según sus potencias sentimentales o emotivas en relación con el individuo que sueña.

Es decir, que se considera que la relación más estrecha existente entre las distintas imágenes del sueño es, precisamente, la relación afectiva y no la lógica. Pero sobre este punto ya tendremos ocasión de hablar más adelante.

La lógica de los sueños

Esta lógica no existe, por lo menos en el sentido de relacionar los distintos acontecimientos de la misma forma que cuando estamos despiertos.

Se dice generalmente que los sueños aparecen como una sucesión de imágenes incoherentes. Estas imágenes, como ya hemos dicho, no están relacionadas entre sí por principios de lógica o de causalidad sino que están ligadas por otras leyes que, en el capítulo del psicoanálisis, llamaremos «asociaciones afectivas».

Según algunos observadores, la falta de lógica en los sueños se debe a la presencia del símbolo, es decir, de una forma particular bajo la cual se esconden los significados del mismo sueño. Estos símbolos, en su difícil y algunas veces oscura expresión, son los causantes de la aparente falta de lógica de nuestros sueños.

En cambio, según otros estudiosos, la falta de lógica de los sueños se debe a su rápida sucesión. Como ya hemos visto, no todos los sueños son advertidos por el sujeto y así se explica que, en el momento de efectuar una investigación sobre este tema, sea imposible extraer de estas visiones fragmentarias una lógica concreta.

No podemos concluir estas observaciones sobre la naturaleza de los sueños sin señalar algunas teorías de los expertos que sostienen que no sólo existe en todos los sueños una lógica determinada, sino que incluso esta lógica es superior a la que desarrollamos estando despiertos.

Antes de seguir avanzando en el tema vamos a resumir todo lo que hemos ido dilucidando poco a poco.

Hasta ahora hemos considerado:
— *el origen de los sueños;*
— las normas prácticas para evitar las pesadillas nocturnas;
— las características de los sueños (su frecuencia, su rapidez, las imágenes, la personalidad del soñador, la intensidad, el lado afectivo, la lógica).

Creemos que, en este punto, nuestros lectores pueden tener un esquema suficientemente claro sobre la amplitud del problema que hay que afrontar, para obtener un buen conocimiento de los significados y el valor de nuestros sueños. Hemos intentado clarificar de forma comprensible para todo el mundo un tema muy enrevesado, eliminando las partes que, si bien son interesantísimas, pueden dar lugar a confusión en los lectores de este libro que pretende solamente tener carácter de divulgación y de ayuda práctica para quien quiera profundizar en los difíciles e interesantes problemas de la interpretación de los sueños.

La interpretación de los sueños

La interpretación psicoanalítica

En este capítulo examinaremos los llamados sueños simbólicos, es decir, los sueños que en apariencia no tienen ninguna relación con nuestra personalidad. Son sueños que, por su extraordinaria naturaleza, eran considerados por los antiguos como una manifestación directa de la voluntad divina, pero que para nosotros, hoy en día, es muy difícil considerarlos bajo este prisma.

Más modestos que nuestros antepasados, hemos buscado la clave para poderlos interpretar de una forma más simple que la sobrenatural, es decir, que la buscamos dentro de nosotros mismos, en las profundidades de nuestro ser.

Primeramente, para una exacta comprensión de su naturaleza y de sus capacidades expresivas, profundicemos un instante sobre la palabra «simbólico».

Aclaremos en primer lugar cuál es el significado de «simbólico». El símbolo es algo bajo lo cual se oculta un concepto o una cosa. Pongamos un ejemplo práctico extraído del lenguaje común: tomemos el término bandera. Sabemos que la bandera, aunque no sea más que un pedazo de tela, tiene un significado simbólico en cuanto representa la patria, el honor, el prestigio nacional, etc. Todas las veces que hablamos de bandera, entendemos por este nombre todos los sentimientos representados en este símbolo.

En lo que se refiere a los sueños simbólicos sucede lo mismo. Estos consisten en una serie de imágenes que «representan alguna cosa diversa». Una vez descubierto lo que representan unas determinadas imágenes, habremos descubierto el significado del sueño.

Uno de los grandes estudiosos que han iluminado el tan oscuro campo de la actividad onírica, es decir, la actividad del sueño, ha sido el ya citado médico austriaco Sigmund Freud, nacido en Viena en 1856 y muerto en Londres en 1939, exiliado por motivos racistas, fundador y jefe de la escuela psicoanalista. Hay que decir que freudismo y psicoanálisis, aunque estén estrechamente ligados entre sí, no son lo mismo, y esta es una observación que hay que esclarecer en seguida.

El freudismo es una teoría del inconsciente, o sea, de aquella parte recóndita del alma humana que no llega hasta la zona clarificadora y moralística de la conciencia, mientras que el psicoanálisis (o análisis del alma humana) es un método de investigación clínica para determinar, a través de ciertas reglas, el estado psíquico de un individuo determinado.

De todos modos, a Freud se le debe el enorme mérito de haber descubierto la fundamental importancia de las fuerzas psíquicas desconocidas para la misma conciencia del hombre, pero no por eso menos operantes para su comportamiento práctico. En efecto, según Freud, el alma humana está constituida por un conjunto de fuerzas, de las cuales algunas son confesables y aceptadas por la conciencia y otras son inconfesables y reprimidas por el sentido moral innato del hombre y, por tanto, no se manifiestan abiertamente sino que lo hacen a través de símbolos y bajo distintas formas. Una de estas formas es precisamente el sueño.

El sueño es considerado no como un mensaje de fuerzas y de entidades ajenas a la naturaleza humana, sino como una emanación de aquella parte oculta del alma humana, por debajo de la conciencia, o sea el «inconsciente».

El inconsciente, según la teoría freudiana, como no puede hacer sobresalir abiertamente a la superficie de la conciencia ciertos impulsos y deseos que serían inmediatamente censurados, recorre al truco de esperar el sueño (durante el cual la conciencia se duerme) para manifestar igualmente estas fuerzas y estos deseos reprimidos a través de los símbolos del sueño.

Por consiguiente, para Freud el sueño no es más que la «realización simbólica de un deseo».

Naturalmente, el gran estudioso de la psique humana no se limita a enunciar estas teorías, sino que las afirma con una serie de razonamientos y con toda su enorme experiencia práctica.

En lo que se refiere a los sueños, se expresa exactamente en estos términos:

«Las visiones nocturnas están determinadas principalmente por el estado orgánico, por sensaciones físicas experimentadas durante el sueño, por la influencia inmensa que tienen los recuerdos, o por un deseo reprimido.»

La debilidad de la teoría psicoanalítica freudiana consiste principalmente en una limitación inexplicable de las fuerzas psíquicas tan brillantemente descubiertas y que Freud considera sólo bajo el aspecto de impulsos sexuales.

Estos impulsos sexuales son, según Freud, el eje sobre el que gira la vida de la conciencia. Siendo el sueño una de las manifestaciones simbólicas de las formas reprimidas de la conciencia, he aquí que precisamente en el sueño se revelará la carga sexual existente, aunque nos pase desapercibida, dentro de nosotros mismos.

El sueño es, según estas teorías, un intento de resolver los conflictos interiores. Según Freud, cada elemento del sueño debe encontrar una explicación y una justificación precisa. Aun observando las limitaciones de esta teoría, que parece que pretende limitar los motivos de los actos humanos a una serie de impulsos sexuales (Freud olvida, por ejemplo, que un estímulo fundamental en las acciones humanas está representado por el instinto de conservación, que se basa, sobre todo en la actualidad, en elementos económicos), no podemos menos que admirar la lucidez de una visión que explica gran parte de los impulsos secretos que dan origen al comportamiento humano. Observemos la función liberadora del psicoanálisis que, por medio de métodos prácticos muy valiosos, consigue «descargar» la tensión de los individuos atormentados por desequilibrios psíquicos de distintas naturalezas, los llamados «complejos», hasta conseguir someterlos a una normalidad de sentimientos y acciones.

Como ya hemos dicho, según Freud, el sueño es «uno de los distintos modos de expresión de un deseo que se oculta en las profundidades de nuestra alma y que no puede manifestarse bajo la forma de un pensamiento o de un deseo en el estado consciente, ya que nuestro sentido moral, siempre alerta, lo enterraría en las profundidades de donde surgió o, por lo menos, nos advertiría que este deseo es reprobable».

El deseo censurado se expresa y se realiza en sueños a través de los símbolos.

La teoría de los sueños de Freud ha sido corregida por los estudiosos que le siguieron.

Las teorías de C. G. Jung

Ahora no analizaremos las distintas teorías modernas; señalaremos tan sólo las teorías del gran médico C. G. Jung, jefe de la escuela suiza de psicoanálisis. Jung fue el primero en crear un puente entre los sueños y las infinitas experiencias espirituales hechas por la humanidad a través de los tiempos, teniendo en cuenta la energía psíquica representativa y sus propias leyes. Según Jung, ningún recuerdo humano se pierde, sino que sólo queda enterrado en las profundidades del inconsciente.

Como ya hemos dicho, el inconsciente es la parte no consciente de nuestra psique, completamente desconocida para nosotros. El inconsciente vive una vida propia, mientras que la conciencia está influenciada por una enorme cantidad de ideas que las personas adquieren en su relación con los demás. Según Jung, el inconsciente es más genuino que la conciencia; en él se hallan confundidos, además de los recuerdos personales de cada uno, las infinitas experiencias «prenatales» que el hombre arrastra tras de sí a través de los siglos: son las famosas «colas de los animales prehistóricos», como él las llama en su imagen pintoresca. Toda esta materia, impresa de manera confusa, emerge a la visión del hombre durante el sueño.

Los sueños deben ser considerados como una emanación psíquica que proviene del conjunto de la vida y que aporta a la conciencia del soñador elementos desconocidos, efectuando de este modo una función complementaria y compensadora en relación con el estado de vela. Por tanto, para Jung, el sueño tiende a hacer una valoración más equilibrada y humana, en la que espiritualidad y sexualidad tienen la misma importancia.

Las aclaraciones efectuadas por Jung son, además de muy interesantes, positivas y consoladoras.

No es cierto que nuestros sueños emerjan sólo a través de impulsos irracionales y amorales, como cree Freud. Al contrario, en ellos se pueden encontrar importantes juicios de valor moral.

De este modo, si bien es cierto que los sueños denuncian nuestro propio estado de ánimo, nuestras fuerzas psíquicas y nuestras tendencias ocultas, también es cierto que estos se pueden realizar sobre diversos planos.

En efecto, el mismo sueño puede ser interpretado de diversas formas y significar diversos estados de ánimo.

Pongamos un ejemplo muy corriente: «Un individuo sueña que se encuentra desnudo en un lugar público. Siente una gran vergüenza por encontrarse en esta situación, pero no le puede poner remedio.»

Una primera interpretación de este sueño supondría que esta persona tiene un fuerte instinto de exhibicionismo, residuos de la edad infantil, que en sueños se manifiesta de manera simbólica por medio de la carencia de prenda alguna sobre su persona, carencia a la que no pone remedio a pesar del sentimiento de vergüenza claramente insinuado en sueños por la conciencia.

Pero también puede darse otra explicación del tipo de las sugerencias efectuadas por Jung y otros psicoanalistas, por ejemplo la falta de prenda alguna sobre su persona puede significar simbólicamente el deseo de ser honrado desnudándose precisamente de todos los prejuicios que la vida y sus necesidades imponen al hombre. El soñador, según esta interpretación, ve representado en sueños, de manera simbólica, su propio deseo, no porque esto sea un instinto vergonzoso que intenta huir de la vigilancia de la conciencia (guardián moral) sino precisamente por el motivo contrario: porque a menudo, en nuestra civilización, los hombres se avergüenzan de sus mejores facetas, pues consideran que precisamente estas facetas presentan impedimentos para sus fines prácticos. Estos «buenos instintos», que no encuentran un verdadero desahogo en estado de vela, se manifiestan en sueños y representan una linfa vital para la renovación moral del soñador. Hay personas que ven en este punto una inversión de la teoría de Freud, el cual considera que los sueños, en gran parte, son una realización de sus instintos salvajes o contra la naturaleza.

Un ejemplo típico de esta total diversidad de interpretación la da el sueño bastante corriente de la «muerte», cuando la persona que se ve morir no es querida o, por lo menos, conocida.

Jung corrige la interpretación de este sueño que para Freud y otros estudiosos indica un deseo inconsciente del sujeto de ver morir a la persona soñada, con una interpretación mucho más suavizada. Jung se remonta al concepto que tienen los niños de la muerte. En efecto, para los niños la muerte no tiene el carácter angustioso o dramático que tiene para los adultos. Los niños no temen la muerte en sí misma, ya que no tienen conciencia de ella. Cuando una persona conocida por ellos muere, los niños relacionan este hecho con la expresión «se ha ido», «ya no está aquí», etc.

Esta misma cosa, según Jung, les sucede a los adultos cuando sueñan que alguien se muere. Su inconsciencia (comparable con la mente de un niño), al expresar un sueño de muerte, no indica más que un deseo de no «ver más» a la persona en cuestión, es decir, que desean inconscientemente que salga de sus vidas.

Volveremos a tocar este tema de los «métodos prácticos» para interpretar los sueños en el último capítulo de este tratado. Por ahora nos basta que el lector se haya dado cuenta del problema y de la complejidad de este tema.

Hemos visto hasta ahora que el sueño es un verdadero «diagrama psíquico» que contiene los símbolos de los deseos, tendencias reprimidas, ambiciones, celos, buenos y malos instintos y conflictos mentales del individuo que sueña. Las fuerzas físicas que originan los sueños para rehuir a la conocida «censura» de la conciencia, además de expresarse a través de símbolos, van a la búsqueda de formas de organización de estos símbolos complejos y engañosos.

No hay que creer que el inconsciente se limita a expresarse a través de símbolos directos, ya que en este caso la lectura de los mismos sería bastante fácil: bastaría conocer los significados de cada uno de estos símbolos y el significado quedaría explicado. En realidad no es así.

Las fuerzas psíquicas se expresan relacionando las imágenes entre sí, según las leyes que no forman parte de la lógica y de la verosimilitud, sino que tienen una naturaleza muy distinta.

He aquí el motivo de que un gran estudioso como Jung sostenga que, para conseguir una buena y plausible interpretación, hay que ignorar el sentido literal del sueño, pero hay que conocer todos los elementos presentes y pasados de la vida del soñador mediante un minucioso examen de suposición y de amplificación.

No forma parte de nuestros propósitos hacer difícil la comprensión, a los lectores menos preparados, de las condiciones indispensables para poder profundizar el problema del «dinamismo onírico», es decir, de las diversas formas de manifestarse que tienen los sueños. Intentaremos simplificar al máximo, invitando a los lectores que quieran profundizar sobre este tema, a que lean los volúmenes fundamentales del psicoanálisis como *La interpretación de los sueños,* de Freud o la *Psicología analítica* (o la *Psicología de los complejos*), de Jung.

Dinamismo del sueño

Los materiales del sueño no se organizan según la lógica, ni tampoco según la objetividad de los sueños o las posibilidades reales, sino que se relacionan según los diversos matices de los sentimientos que existen entre ellos.

En los sueños, las ideas abstractas se expresan por medio de imágenes concretas o por asociaciones de imágenes. En otras palabras, «las imágenes tienden a asociarse entre sí según las leyes afectivas o sentimentales».

El conocimiento de estas leyes es indispensable, según la teoría psicoanalítica, para conocer el significado de un sueño y extraer las conclusiones necesarias para los fines de la cura psicoanalítica del individuo. Es evidente que estamos hablando de sujetos necesitados de particulares atenciones.

Un análisis psicoanalítico no puede ser efectuado por uno mismo: he aquí el motivo por el que consideramos innecesario, dadas las características de este libro, extendernos en explicaciones técnicas que no servirían para una indagación de los lectores sobre sus propios sueños.

Basta con señalar y reclamar la atención sobre algunos hechos generales de gran interés y utilidad para una orientación del problema que nos interesa. Podemos extraer de la interpretación psicoanalítica del sueño algunas anotaciones importantes.

Aspectos del sueño

El sueño presenta dos aspectos que merecen toda nuestra atención; uno es su *contenido latente* y el otro es el *contenido manifiesto*. Empecemos por este último. El contenido manifiesto de un sueño está constituido por el conjunto de acciones que forman el mismo sueño.

Pongamos un ejemplo práctico: «Un joven sueña que se encuentra a la salida de su casa con un perro. Se trata precisamente del mismo perro que tuvo de niño y que en realidad murió hace mucho tiempo. Este perro le había sido regalado por su hermana, también ya fallecida en el momento del sueño.

»El joven, en el sueño, reconoce perfectamente al perro y lo abraza con gran profusión de caricias.»

El doble contenido de este sueño, relacionándolo con el concepto que hemos expuesto antes, consiste en la sucesión de las experiencias narradas, es decir, el encuentro con el perro y las manifestaciones de afecto del joven hacia el animal. Ahora bien, a primera vista, el significado del sueño no va más allá de lo que aparece en la superficie, es decir, de lo que es manifiesto.

En realidad no es así. Interrogado pacientemente por el psicoanalista e invitado a expresar todo lo que se le ocurriera referente a este sueño, el joven recordó poco a poco cosas bastante interesantes. Dijo, por ejemplo, que este perro se lo había regalado su hermana, aunque una timidez especial le había impedido demostrar la profundidad de su afecto. Al final del análisis, el psicoanalista y el joven llegaron a descubrir el significado latente que se expresó en estos términos: la misma timidez e incapacidad para demostrar el propio afecto a la hermana (deficiencia de la que el joven sufría cuando ella estaba viva) permanecía en el joven, aun cuando la hermana ya estaba muerta.

El joven deseaba soñar con ella manifestándole su afecto, pero consciente del hecho de que entre adultos, aun tratándose de hermano y hermana, el intercambio de manifestaciones de afecto debe ser controlado. Por miedo a las críticas, el joven no osa, ni siquiera en sueños, abrazar a su hermana. ¿Qué sucede entonces? Que transfiere sus sentimientos de afecto hacia la muchacha a «algo» que le perteneció y que, en particular, le fue regalado por ella: en este caso, este «algo» es precisamente el perro.

Abrazando al perro (muerto, como estaba muerta su hermana) el joven puede demostrar su afecto fraterno sin temor de ser criticado.

De este modo diremos, por tanto, que:

El *contenido manifiesto* es que el encuentro del joven con un perro que había poseído y que le había sido regalado por su hermana.

El *contenido latente* es el deseo de demostrar a la hermana un afecto que durante la vida de ella no supo manifestar.

En este sueño el perro querido es el símbolo bajo el cual se esconde la hermana. La acción de distorsión de la imagen (del perro a la hermana) se llama «desplazamiento», en cuanto desplaza el sentimiento de afecto que el joven siente dentro de él.

Pongamos otro ejemplo: «Una muchacha, enferma de parálisis, quedó inmóvil de las piernas. A menudo sueña que se halla en un circo donde hace acrobacias sobre una cuerda utilizando principalmente sus piernas. El público, siempre muy numeroso, la aplaude fervorosamente, y la muchacha es feliz.»

El contenido latente de este sueño no presenta, a primera vista, muchas dificultades. La muchacha está impedida de las piernas; por tanto es muy natural que se desahogue en sueños y que se vea en ellos libre y feliz en el puesto de una agilísima acróbata. El sueño contiene, de todos modos, un detalle que nada tiene que ver con el deseo de movimiento; la presencia del público que la aplaude.

La muchacha fue sometida a un minucioso análisis. Invitada a asociar libremente todas las circunstancias del sueño con todo lo que se le ocurriera en aquel momento (método llamado «de las libres asociaciones») poco a poco mostró el deseo de exhibirse en público como actriz.

Este deseo, latente en las profundidades del subconsciente, se mostraba durante el sueño formando parte de imágenes que se referían a otro deseo (exactamente el de conservar intacta la capacidad de movimiento).

Los dos deseos, aun estando netamente separados entre sí, experimentan una curiosa distorsión.

En lugar de manifestarse por separado, cada uno por medio de un símbolo propio, se mezclan entre sí para engañar mejor la vigilancia de la conciencia, la cual debía tener sus motivos para sofocarlos.

En casos como este, el mecanismo que regula el proceso del sueño se llama «condensación», en cuanto dos impulsos diversos se mezclan y se sobreponen entre sí. Estos se condensan en una única imagen: la muchacha que efectúa ejercicios sobre la cuerda y que concentra en sí ambas aspiraciones de la soñadora. Existen infinitos ejemplos que podríamos extraer de nuestro subconsciente para eludir la vigilancia que la conciencia opone a la manifestación de las facetas ocultas y primitivas que existen dentro de nosotros, pero para una exacta comprensión de la actividad onírica, bastará con recordar otras acciones también muy interesantes.

El sueño-símbolo requiere, como ya hemos visto, una profunda atención y la búsqueda de lo que podríamos llamar «piezas de apoyo» extraídas por la carga sentimental del soñador: sus recuerdos, sus pensamientos, que le nacen de improviso, las asociaciones sobre acontecimientos del pasado o sobre anotaciones sugeridas por la experiencia de todos los días.

Sobre este propósito es oportuno citar aquí un sueño muy significativo e interesante: «Un hombre sueña muy a menudo que ve una mesa alargada, siempre la misma, y a su alrededor se sientan algunas personas que comen en silencio mostrando su mal humor.»

A primera vista este sueño nos aparece privado de un significado latente que pueda de algún modo relacionarse con la personalidad del soñador.

Invitado a referir los elementos de este sueño junto con todo aquello que se le ocurra espontáneamente, el soñador recuerda de repente que, en la vida real, había visto la mesa que le obsesionaba. Dijo que la había visto en casa de unos amigos. Invitado a hablar de estos amigos, de su vida, de sus relaciones con ellos y de todas las cosas que se le fueran ocurriendo sobre ellos, el soñador refirió que había podido observar que estos amigos le tenían aversión a su propio padre.

Al finalizar el análisis, se descubre que también el soñador está atormentado por un sentimiento análogo hacia su propio padre. El paso para conseguir que hiciera esta confesión no fue muy difícil. En este caso ha sido descubierto un complejo bastante inoportuno y a través de este sueño se han podido entrever sus orígenes: el sentimiento de hostilidad hacia su padre que el sujeto ocultaba en las profundidades de su ser.

En este sueño, la mesa representa el símbolo bajo el que se oculta un sentimiento de culpabilidad.

Naturalmente, los análisis de esta clase requieren la asistencia inteligente y afectuosa de un psicoanalista. Pero nos parece lógico manifestar que un primer conocimiento de las teorías y de los métodos de esta ciencia nos podrá ayudar a resolver nuestros propios sueños, admitiendo que formamos parte de la afortunada categoría de personas cuyo equilibrio psíquico no tenga necesidad de los cuidados de un psicoanalista.

También a las personas absolutamente normales les será útil aprender a conocerse mejor a través del análisis de lo que «pasa en sus propios sueños».

Los símbolos psicoanalíticos más corrientes

En este último apartado trataremos de la enunciación de los métodos prácticos para tomar conciencia del significado de los sueños simbólicos.

Profundicemos ahora en los sueños más corrientes que el psicoanálisis relaciona con las imágenes «puestas en escena» de nuestro subconsciente durante la actividad onírica.

No hay muchas cosas que encuentren en el sueño una representación simbólica.

La representación típica constante de la persona es la casa. En general, una *casa* con las paredes lisas simboliza al hombre, mientras que una *casa* con paredes amuebladas simboliza a la mujer.

La *feminidad,* relacionada con la idea de la maternidad, es simbolizada por todo aquello que presente una cavidad (como cajas, baúles, pozos, naves, habitaciones, armarios etc.).

La *madre* se suele presentar bajo los símbolos de la maternidad (como pecho, leche, faldas, cuna, etc.) o bien de la potencia (como reina, mujer potente, tirana, etc.).

La *virilidad* se simboliza por todo lo que es lineal o que se utiliza para golpear (como bastón, paraguas, palo, cuchillo, arma de fuego, etc.).

El *hombre,* en general, es simbolizado por militares y demonios.

La *mujer,* por mesas, estatuas, ramos de flores; o bien por paisajes, fruta o ropa interior.

Las *relaciones amorosas* se manifiestan con imágenes de escalera (subidas o bajadas), por trenes lanzados a gran velocidad, etc.

El *padre* se ve con el aspecto de emperador, de tirano y de autoridad; también se puede ver en forma de dios.

Los *hermanos* y las *hermanas* están representados por pequeños animales o por insectos.

La *muerte* se ve a menudo como una partida.

El *nacimiento,* por el agua y por todo aquello que tiene alguna relación con ella.

La *inocencia,* en contraste con el pecado, está representada por lirios, flores blancas, ramas de olivo en la mano.

La *vida instintiva* por selvas.

La *fuerza,* por animales feroces.

La *discordia en el amor* o *en la familia,* por agujas, puntas, etc.

Los *deseos* y las *esperanzas* por todo lo que es alto (como cielo, estrellas, rayos, etc.).

Por lo que hemos visto hasta ahora sobre el tema de los símbolos en el sueño, resulta claro que la simbología psicoanalítica no es cerebral sino que corresponde muy a menudo a las imágenes que, en la tradición popular del lenguaje, han tenido precisamente el mismo significado que el símbolo (como por ejemplo: lirio por inocencia, etc.).

La clave de la adivinación

Los sueños en la doctrina de lo oculto

Dios dice en las Sagradas Escrituras que difundirá su espíritu sobre todas las criaturas, que los hijos y las hijas profetizarán, que los ancianos tendrán sueños y que las jóvenes generaciones tendrán visiones. Toda la historia de la antigüedad, sagrada o profana, está llena de ejemplos de sueños proféticos y adivinadores.

Aunque durante mucho tiempo, los hombres modernos hayan sonreído irónicamente ante tanto «furor profético» y por la «presunción» humana de querer hacer intervenir a las divinidades en todas las cuestiones, incluso en las menos importantes, parece cierto que, dada la enorme masa de documentaciones, la concepción del sueño profético no puede ser rechazada. Además, la ciencia no puede, con medios humanos, explicar satisfactoriamente ciertos fenómenos y entonces todas las hipótesis y esperanzas pueden encontrar su lugar adecuado y su justa dimensión.

La tradición adivinatoria, en lo que concierne a los sueños, es mucho más antigua que todas las concepciones psicoanalíticas, que se remontan a finales del siglo XIX.

Ya hemos hablado en el primer capítulo de la función importantísima que tenían los sueños para nuestros antepasados. Los orígenes de la tradición adivinatoria se remontan a los comienzos de la civilización humana. Según esta tradición, los sueños nos son transmitidos cuando nuestra alma, liberada de sus ataduras carnales por medio del sueño, que es la pérdida de la conciencia, puede entrar en contacto con el más allá y extraer imágenes de acontecimientos que aún están por venir. Estos acontecimientos están muy a menudo ocultos bajo los símbolos. En este punto, la adivinación se acerca al psicoanálisis, aunque naturalmente, la forma de manifestarse de los símbolos y las teorías relacionadas con ellos difieren de una concepción a la otra.

La adivinación entra en la vasta categoría del ocultismo formando parte de él.

¿Qué es el ocultismo?

Se considera ocultismo al conjunto de teorías que estudian los fenómenos cuyas causas se escapan a las indagaciones de la investigación de los hombres y que, en general, contrastan, al menos superficialmente, con las leyes de la naturaleza conocidas en la actualidad.

Según los ocultistas, el desdoblamiento del ser en el «yo» psíquico y en el «yo» astral tiene lugar en el estado de vela más a menudo que durante el sueño. La adivinación se manifiesta cuando el alma, desde su envoltura corpórea, consigue más fácilmente comunicarse con el mundo espiritual.

La adivinación o clarividencia de los acontecimientos futuros

En el libro II de *De divinatione* de Cicerón podemos encontrar una neta distinción entre los diferentes medios de los que se sirve la divinidad para comunicarse con los hombres. Esta distinción era muy corriente en la antigüedad.

Cicerón subdivide el fenómeno adivinatorio en adivinación espontánea, natural o directa y en artificial o indirecta.

La segunda división no concierne a la oniromancia; se trata, sin embargo, de adivinación a través de la observación de los astros, del vuelo de los pájaros, de las vísceras de los animales, etc. En cambio, la primera, la que nos concierne, se entiende como una comunicación inmediata entre la divinidad y el hombre bajo diversas formas: el éxtasis o «furor divinus» (el de las antiguas Sibilas) y los oráculos (es célebre el de Apolo, en Delfos).

La adivinación entre los antiguos

La adivinación que tiene lugar mientras el hombre está inmerso en el sueño, puede realizarse bajo diversos aspectos:

1. El sueño: en el sueño, la verdad se presenta bajo la forma oculta.

Es célebre en la antigüedad el sueño que tuvo el Faraón de Egipto. Este sueño fue en sus tiempos interpretado por José, hijo de Jacob (se habla de ellos en la Biblia), a su vez célebre, entre otras cosas, por haber tenido un conocidísimo sueño que fue también brillantemente interpretado por Freud y por otros psicoanalistas.

El Faraón soñó con siete vacas gordas seguidas inmediatamente después por siete vacas flacas que las devoraron. Luego se le aparecieron siete espigas de trigo llenas de granos, pero también se le aparecieron siete espigas resecas y vacías que se comieron a las primeras.

La interpretación que dio de este sueño José («vendrán siete años de abundancia seguidos por siete de carestía») le permitió al Faraón abastecer sus graneros salvando a su gente de una muerte segura.

2. La visión: la visión nos muestra exactamente, mientras dormimos, lo que veremos durante el estado de vela.

Es célebre la visión que tuvo Galba mientras se encontraba en el campo. Mientras dormía, vio venir a su encuentro a un hombre que le dijo que se convertiría en emperador, sucediendo a Nerón, después de que a este último le sacaran un diente. Por la mañana,

Galba se encontró con el médico que le dijo que había acabado de arrancarle un diente al emperador. Poco después Nerón murió y Galba le sucedió en el imperio de Roma.

3. El oráculo: los antiguos denominaban con este nombre a la «respuesta» que los dioses paganos daban en respuesta a las preguntas que les hacían los hombres a través de los adivinos y las pitonisas. También se llamaba oráculo al lugar en donde residían estos adivinos. Conocemos el oráculo de Júpiter en Olimpia, el de Apolo en Delfos, entre otros.

Muy a menudo el oráculo se verificaba durante el sueño y tenía el significado de una advertencia, que un ser del mundo invisible daba a un mortal para empujarlo a efectuar y llevar a cabo su propio destino, tal como quería la divinidad.

Sabemos que existían algunos templos griegos en los cuales los fieles solían ir a dormir, con la esperanza de recibir oráculos por medio de sueños importantes y clarividentes; es decir, sueños de origen ultraterrenal. En tiempos de Homero los oráculos ya se encontraban divididos en dos categorías; aquellos en los que se podía confiar por su exactitud contrastada, y aquellos en los que no convenía confiar.

Cómo interpretar los sueños

Reglas prácticas

El lector que nos haya seguido hasta este punto habrá podido hacerse una clara idea de la dificultad que estriba en la pregunta: ¿Cómo interpretar los sueños?

Ya hemos visto cuáles son las respuestas que el psicoanálisis por una parte y el ocultismo por la otra dan al problema planteado por la actividad onírica. Pero el lector que no necesita recurrir a la ayuda del psicoanálisis, querrá seguramente saber qué enseñanzas se pueden extraer de todo lo expuesto hasta el momento.

Procuraremos satisfacerlo, recogiendo en este capítulo algunas reglas prácticas que tendrán que ser estudiadas atentamente antes de prepararse a interpretar un sueño.

Será una especie de resumen de todo lo anteriormente descrito, muy útil para los fines prácticos de la interpretación personal.

1. Es aconsejable apresurarse, ya en el momento de despertar, a recordar los sueños tenidos durante la noche, y si es posible debemos intentar describirlos.

En lo referente a esto último debemos procurar estar atentos en no utilizar la fantasía tan frecuente del estado de semidespiertos, pues esto podría perjudicar a la narración lo más exacta posible del sueño, dando lugar a que «adornemos» lo soñado o a que quitemos o pongamos algunos detalles que pueden ser de gran importancia para el cuadro onírico.

Otro peligro del que debemos defendernos es el de la «mala memoria»; en efecto, muy a menudo las personas, de forma inconsciente y sin darse cuenta, no quieren recordar un sueño que les podría producir impresiones desagradables y se apresuran a olvidarlo.

2. Examinar y clasificar las cosas vistas, en el orden en que han tenido lugar durante el sueño (cuando decimos las «cosas», queremos dar a entender verdaderamente todas las cosas, incluso los efectos que nos pueden parecer sin sentido).

3. Descubrir el contenido manifiesto del sueño, es decir, el significado evidente de la narración, que ya hemos ordenado colocando las acciones y las cosas soñadas una detrás de la otra.

4. Situar rápidamente al soñador en el lugar que le corresponde del sueño, o sea, descubrir su papel en la vivencia del sueño determinado. Algunas veces este papel resulta evidente y fácil de distinguir, pero hay otras muchas en que hay que descubrirlo indagando pacientemente. Una norma aconsejable, cuando el papel de la persona que sueña no nos resulta del todo evidente, es la de fijar provisionalmente un sujeto onírico, y que debe ser aquel que en la experiencia del sueño aparece como protagonista. (No nos debemos preocupar por ahora de indagar si la misma persona que se nos aparece como protagonista es la misma bajo la que se esconde la personalidad del soñador.)

5. Después de haber descubierto el sentido evidente del sueño y el papel del protagonista ordenando alrededor de él todas las acciones secundarias, debemos estudiar pacientemente, una por una, todas las circunstancias, objetos o personas soñados. Debemos esforzarnos por relacionar a todas las personas que intervienen en el sueño con todas las acciones o personas, etc., que han tenido una importancia determinada o una relación con nosotros estando conscientes.

Tenemos un ejemplo de esta relación en el episodio del señor de la mesa del primer capítulo de la segunda parte.

6. Proceder de nuevo nombre por nombre, o circunstancia por circunstancia, señalando todo aquello que nos sugiera la palabra en cuestión, aunque nos parezca que se trata de acontecimientos e ideas muy alejados del significado aparente del sueño.

7. Buscar en el «Diccionario de los símbolos» el significado tradicional de cada elemento del sueño escribiéndolo junto a él y comparándolo con las palabras descritas para ver lo que hay en común entre ellos.

Este material constituye lo que corrientemente se llama «material onírico».

En este punto, los elementos nuevos iluminan y esclarecen todos los significados del sueño.

8. Si en un primer tiempo habíamos situado en la experiencia a «un protagonista provisional», deberemos buscar, una vez llegados a este punto, si todo el material conseguido nos da una clara descripción sobre la verdadera personalidad del protagonista; es decir, que tendremos que descubrir si, bajo la figura de este supuesto protagonista, no se esconde una parte de nosotros mismos. Esto lo podremos descubrir indagando en los elementos que han formado parte del recuerdo.

En caso positivo, si nos ponemos a nosotros mismos en el lugar del protagonista significa «leer en el sueño», «cargando» cada acción de los significados que hemos ido descubriendo.

9. Estos significados nos darán ciertamente una visión más o menos clara de los fines ocultos del sueño. Es decir, que el sueño se nos aparecerá bajo una luz diferente de la que al inicio se nos había revelado como el único significado manifiesto.

En este punto habremos descubierto el verdadero sentido del sueño: su «contenido latente».

10. He aquí, finalmente, la última pero fundamental regla, sobre todo para los que quieran tener un cierto conocimiento de sus sueños, aun no teniendo tiempo o la preparación necesaria para llevar a cabo una indagación minuciosa. Se trata de observar atentamente el estado de ánimo con que nos despertamos después del sueño.

Si este estado de ánimo es sereno y calmado, es casi seguro que el sueño, cualquiera que sea su significado específico, no anuncia nada temible (aunque en sus imágenes lo haya sido).

Pero si nos despertamos en estado de tensión o de dolor después de haber soñado, cualquiera que sea la materia del sueño, puede significar un peligro inminente.

Hasta aquí ya hemos trazado de la forma más sencilla y clara posible, las líneas generales que llevarán al lector a «ver claro lo que le parecía oscuro y a comprender lo que le parecía oculto.»

Los hombres tienen derecho de hacerlo en los límites de sus fuerzas, ya que todo lo que está sobre la tierra, visible o invisible, les pertenece y debe servirles para realizar su destino inmortal.

Recordemos una frase de Hamlet en la tragedia de Shakespeare. Le dice el joven príncipe a un amigo: «Existen más cosas en el cielo y en la tierra, Horacio, que en los libros de filosofía.»

Esta cita expresa perfectamente el sentido de todo aquello que queremos comunicar a nuestros lectores, es decir, el sentido del misterio del cual todos formamos parte.

Los sueños forman parte de este misterio.

Nosotros intentamos, dentro de nuestras posibilidades, esclarecer los elementos que pueden llegar a interesar a nuestros lectores y nos esforzamos en exponerlos de la manera más clara posible, teniendo en cuenta la finalidad divulgativa de este libro, que se dirige a un público muy amplio, entre el que no faltarán personas que carezcan completamente de conocimientos científicos.

Con esa finalidad se han preparado los siguientes capítulos a través de los que se podrá conocer el significado concreto de aquellos objetos, situaciones, con los que se ha soñado.

A

Abandonar. Si quien sueña es el abandonado y se entristece por ello, presagia obtención de dinero de forma inesperada o cobro de una antigua deuda. Soñar con abandonar a una persona, una casa, un objeto o un animal significa problemas en el campo afectivo, miedo a comprometerse y sufrir a causa de ello.

Abadesa. Las mujeres religiosas con cargos jerárquicos en los sueños presagian bodas inminentes en una esfera cercana a quien sueña.

Abanico. Revela angustia por el fracaso a nivel afectivo y temor a no ser correspondido en el amor.

Abejas. Si se las ve volar presagia enfermedades, complicaciones relacionadas con la salud. Si se las caza significa fracaso de un proyecto o problemas que no se solucionan. Ser picado por una de ellas significa calumnia, maledicencia, traición proveniente de un hombre de cabello oscuro. Matar abejas vaticina problemas en la vejez del que sueña o de personas mayores que le son cercanas y dificultades relacionadas con la soledad.

Abismo. Indica ansias sexuales insatisfechas, pero también temor a los excesos sexuales.

Abogado. Significa inconvenientes en el trabajo, en el reconocimiento profesional, discusiones con la autoridad.

Abrigo. Llevarlo puesto es un buen indicio en el plano afectivo. Asegura felicidad en el futuro. Perderlo es mortificación y humillación inesperada producida por un ser querido.

Abrazar. Abrazar a una persona del sexo opuesto simboliza discusiones y rencillas en el hogar. Si se abraza a una persona del mismo sexo conocida desde hace tiempo, indica nostalgias por un antiguo amor o reencuentro con alguien importante del pasado. Abrazar a un animal significa soledad, melancolía.

Abuelos. Verlos si están muertos es indicativo de larga vida para el que sueña, y si están vivos de buena salud y tranquilidad para ellos. Hablarles significa herencia interesante.

Aceite. Mancharse con él supone éxito asegurado en un proyecto. Beberlo indica enfermedad de difícil curación en poco tiempo. Verlo en el suelo, presagio funesto de todo lo relacionado con dinero. Limpiarlo vaticina que la previsión y la sagacidad personal permitirán realizar un buen negocio a corto plazo.

Actores. Este sueño simboliza gastos excesivos y peligro de pérdida de dinero.

Adelgazar. Indica problemas de salud compensados con la inesperada llegada de dinero que no se esperaba.

Adolescente. Representa la felicidad en una etapa que se acerca, basada en la plenitud de las relaciones afectivas y en buenas noticias provenientes del trabajo.

Adquirir. Es señal de buena suerte en general.

Adulterio. Si quien sueña lo comete, se producirán problemas familiares con personas mayores pertenecientes a la familia. Si quien sueña lo padece es un excelente augurio en el plano sentimental. Un amor correspondido.

Afeitar. Es una advertencia de pérdida de algo muy querido, un objeto muy valioso, un bien muy apreciado, un animal por el que se siente gran afecto. No incluye a personas amadas.

Agua. Soñar con ella en gran cantidad indica un regalo, una sorpresa muy agradable proveniente de una mujer mayor, cercana afectivamente. Corrientes turbulentas significan cobardía, temor a ver la realidad tal como es y afrontarla. Beberla, riesgo de contagio de enfermedad que acarreará complicaciones. Agua que corre sin detenerse, escaso sentido práctico, ansiedad por superar o negar el presente y deseo de entrar en una nueva etapa, más propicia. Zambullirse en ella, éxito en un proyecto muy anhelado.

Águila. Si está inmóvil indica trágico anuncio de muerte de un ser querido o alguien cercano. Atacando preconiza rencillas en el hogar y discusiones. Muerta, un éxito inesperado y muy gratificante a corto plazo. Doméstica, vaticina ascenso en el trabajo o un gran éxito en los juegos de azar. Muchas volando por el cielo, excelente negocio y ganancias económicas.

Agujas. Anuncia calumnias provenientes de una mujer que pueden causar mucha pena y también dificultades.

Agujero. Indica traición. Un ser allegado tiende una trampa y la víctima es quien sueña.

Ahogar. Ver ahogarse a alguien presagia triunfo frente a los enemigos. Ahogarse en agua advierte acerca de la necesidad de tomarse un descanso o disminuir las preocupaciones. Es necesario aprender a delegar responsabilidades. Ahogarse en tierra revela problemas respiratorios y trastornos de salud.

Ajedrez. Los temores no tienen razón de ser. Se avecina una buena época de éxitos y gratificaciones.

Ajo. Comerlo significa problemas de salud que serán de lenta recuperación. Cogerlo es un augurio de buena suerte. Verlos colgar es sorpresa muy agradable que muy posiblemente llegue desde lejos.

Alas. Este sueño supone miedo a enfrentarse a la realidad y una actitud infantil de esperar que otros resuelvan los propios problemas. Tendencia a postergarlo todo. Es una advertencia para revisar la situación por la que se atraviesa y modificar la actitud.

Alegría. Anuncia problemas con el coche o con algo relacionado con traslados o transportes. También puede anunciar carta o noticia que llega desde lejos.

Alhajas. Lucirlas, señala egoísmo excesivo, mezquindad, dificultad para admitir los propios errores. Comprarlas o venderlas, significa que la no manifestación de los sentimientos pondrán en serio peligro una relación importante. Verlas, trae buena suerte.

Alianza. Representa fidelidad y plenitud en el amor. Momento propicio para encauzar la vida afectiva o felicidad en el matrimonio.

Alimentos. Soñar con ellos indica cambios positivos en una etapa que se avecina.

Almendras. Anuncian la posibilidad de conocer, a corto plazo, a una persona que ejercerá una influencia benéfica en el futuro.

Altar. Verlo, denota inteligencia en una decisión que se reflejará en éxito cercano. Decorarlo con flores es seguridad en el amor. Ver flores marchitas en él indica riesgo de infidelidad, rutina y monotonía en el hogar. Ver feligreses rezando, préstamo de dinero que nunca será devuelto. Sacerdote diciendo misa, una mentira acarreará desagradables consecuencias.

Amante. Aparecerán rencillas en el hogar y riesgos muy grandes para una situación afectiva en la que se depositan esperanzas.

Amargo. Anuncia que se avecina una etapa sin problemas de salud ni enfermedades.

Ambulancia. Verla indica una sorpresa desagradable y malas noticias.

Amigos. Ver un amigo que ha muerto señala buen augurio y concreción de un proyecto muy ambicionado. Reencontrarse con un viejo amigo revela pérdida de dinero o dificultades por mala administración y gastos desmedidos y tener un amigo nuevo, éxito en los juegos de azar. Encontrarse con un amigo habitual revela que el presente resulta atemorizador y no se desean enfrentar las responsabilidades. Amigos que se pelean, buenas noticias de dinero.

Amor. Enamorarse indica agotamiento físico, indisposiciones, necesidad de consultar con un médico. Ser rechazado es mala suerte en los negocios o dificultades en el plano profesional. Rechazar a alguien, construcción de una casa, reformas, actividad de tipo inmobiliario. El acto amoroso con la persona amada, triunfo sobre la maledicencia y sobre aquellos que pretenden destruir la unión. El acto amoroso con una persona desconocida es augurio de buena suerte, sorpresa muy agradable.

Amputación. Indica ruptura o disgusto con amigos.

Ancla. Un proyecto anhelado hallará graves obstáculos para concretarse. Solamente luchando denodadamente será posible que se lleve a cabo. Pero es bueno tener presente que las dificultades serán muy grandes y provendrán de quienes menos se espera una actitud de rechazo.

Aplaudir. Anuncia beneficios, ventajas, ayuda de alguien con nivel jerárquico, posiblemente un hombre de cabello oscuro o una persona que lleve gafas.

Araña. Buen augurio para los negocios, pero temor al fracaso en el campo sexual, miedo a sufrir o a ser rechazado, a no estar a la altura de las circunstancias o a padecer una humillación sexual.

Árboles. Sentarse debajo anuncia una etapa beneficiosa, tranquila, sin grandes cambios. Si tiene frutos, se reencontrará un objeto dado por perdido. Trepar por su tronco revela un éxito notable como reconocimiento del propio esfuerzo. Florecido es felicidad estable en el futuro lejano. Caído, presagio de mala suerte.

Arco iris. Está por comenzar una nueva etapa cuyo signo dependerá exclusivamente del esfuerzo personal. Si se confía en soluciones mágicas o en la buena suerte se perderá una buena oportunidad.

Arena. Anuncia la reaparición de alguien a quien hace tiempo no se ve que causará problemas a alguien cercano, pero al mismo tiempo traerá alegría a la familia.

Armas. Siempre son un símbolo de problemas, de imprevistos desagradables que contienen un engaño que causará dolor. Si se trata de un arma blanca, es traición de un ser querido.

Arroyo. Anuncia superación de problemas de salud crónicos, que se padecen desde hace años y que hallarán su cura.

Arroz. Verlo indica que llegará dinero inesperado o podrá cobrarse una deuda que se daba por perdida. Comerlo revela un incremento en el patrimonio, aumento de honorarios o dinero que se emplea para una ventajosa inversión. Comprarlo, problemas de salud, posiblemente del aparato digestivo. Conviene consultar un médico. Cocerlo es augurio de que alguien muy cercano, que padece una enfermedad muy dolorosa, no tardará en hallar alivio a sus males.

Ataúd. Verlo abierto y vacío indica pérdida de dinero o un mal negocio que desajustará el presupuesto familiar. Verlo vacío pero cerrado es temor a una amenaza que no se justifica. Es preciso comportarse de un modo menos aprensivo en la vida. Ver varios ataúdes es un anuncio de larga vida, un excelente augurio. Si se coloca a alguien dentro, es una advertencia de tragedia inminente en la familia relacionada con viajes. Estar dentro de él revela cambios de importancia en el trabajo.

Avión. Revela omnipotencia, ambiciones desmedidas, sueños insensatos de poder que pueden volverse en contra. Conviene ser más realista y moderar los anhelos.

B

Bailar. Indica suerte, alegría, buenas noticias, salvo que se trate de bailar con una persona desconocida, que es un funesto anuncio de muerte para un allegado, posiblemente una persona de la familia.

Balcón. Anuncia el fracaso de un proyecto en el que se tenían cifradas grandes esperanzas.

Balsa. Un problema legal que se arrastra desde hace tiempo y que parece sin solución, se resolverá gracias a un golpe de suerte.

Bandera. Izarla anuncia reconocimiento de los propios méritos, una valiosa gratificación en un futuro cercano. Verla ondear, vaticina peligro para quien sueña ocasionado por su falta de reflexión, su excesiva impulsividad. Quieta, revela temor a no ser capaz de estar a la altura de las circunstancias, tendencia a subvalorarse.

Bandeja. Vaticina que se recibirá un regalo inesperado o una mejoría en una situación provocada por la intervención de una mujer.

Bandido. Indica miedo a padecer una situación desagradable relacionada con viajes o traslados. Es conveniente ser muy precavido ante los riesgos de accidentes en coche.

Bañarse. Bañarse en agua muy fría es anuncio de que se aproxima una enfermedad dolorosa y grave. En agua caliente revela la posibilidad de realizar un excelente negocio que debe aprovecharse. En aguas turbias, preocupaciones ocasionadas por habladurías, por palabras que hacen daño sin intención. Vestido, tradicional símbolo de herencia cercana. En el mar, necesidad de protección, de contar con alguien que ayude a mitigar la soledad y que comparta de un modo realista las preocupaciones que ocasionan la vida. En un arroyo vaticina buena suerte. La inteligencia hallará el camino para superar un obstáculo que se avecina.

Bañista. Indica soledad, incomprensión, falta de apoyo para llevar las cosas hacia delante, pero también introversión y excesiva desconfianza. Es preciso abrirse más hacia las personas queridas.

Barba. Afeitarse significa que algo que se desea muy profundamente, por el momento no se logrará. Herirse al rasurarse la barba, predice que quien sueña teme perder a un ser querido aunque no se lo admita a sí mismo. Una barba larga anuncia excelentes ganancias futuras, y escasa, problemas legales o discusiones con un abogado, en muy corto plazo. Negra, dura e hirsuta, anuncio de malas noticias venidas desde lejos. Rubia, miedo exagerado a comprometerse afectivamente. Pelirroja, ansias de figuración, de reconocimiento de los propios valores, necesidad de afecto.

Barco. Es un índice de buena suerte en los juegos de azar, pero también anuncia desgracias personales por pérdida, robo o accidente.

Barrer. Un suelo oscuro indica que se alejará la suerte, implica una etapa de infortunio que se aproxima, sobre todo relacionada con la vida hogareña. Si se trata de una habitación conocida, asegura éxito en las inversiones. Es un buen momento para que su dinero aumente. Ver barrer anuncia que en poco tiempo un allegado se verá favorecido por un golpe de fortuna.

Barrera. En general simboliza dificultades y problemas en el futuro que obstaculizarán la concreción de un proyecto, salvo que se la vea junto con un tren que pasa, pues en tal caso significa que se recibirá ayuda de una persona joven y llena de energía en un momento difícil.

Barro. Manifiesta calumnias y maledicencias provocadas por la envidia de alguien que finge comportarse como un ser querido.

Bastón. Encontrarlo anuncia problemas en el trabajo por una mala jugada de un compañero. Apoyarse en él revela enfermedad sin consecuencias en un futuro cercano. Tenerlo en la mano, traición de una mujer que fue importante en otro momento de la vida. Un bastón caído en el suelo presagia un gran dolor sentimental del que sólo el tiempo podrá cerrar las heridas.

Beber. Es un excelente augurio en todos los campos. Anuncia buena salud, mejoras en el trabajo, dinero extra y dicha afectiva. Si la copa es de cristal, el buen momento será muy breve.

Besar. Besar apasionadamente significa que el propio valor saldrá a relucir en un momento difícil y contribuirá a alcanzar una meta que se ambiciona. Con frialdad, la desconfianza excesiva impide disfrutar los buenos momentos de la vida. A alguien que se detesta, el falso orgullo y la terquedad impiden el progreso de una importante relación afectiva. A un niño, llegan excelentes noticias en pocos días. A una persona que ya ha muerto, se inicia una etapa de profundos cambios, pero de signo muy positivo. En el rostro, preanuncia un evento feliz en la familia, boda, nacimiento o fiesta. En la mano, advertencia de traición.

Biblioteca. Es el momento de prestar atención a un consejo desinteresado que ofrece una persona mayor.

Billete. Verlo traerá suerte en los juegos de azar. Conviene arriesgarse. Hallarlo anuncia un cobro inesperado de una deuda o dinero que llega cuando ya no se contaba con él. Si es nuevo, la indiscreción puede crear una situación embarazosa, un malentendido. Viejo anuncia la posibilidad de un viaje, corto pero muy agradable.

Boca. Anuncia un peligro para la economía por causa de los gastos incontrolados.

Bolos. Es importante no preocuparse sólo por las apariencias, pues en un futuro cercano será preciso elegir entre ellas y un ser querido que reclama sinceridad.

Botas. Progresos en el campo laboral y reconocimiento de la propia tenacidad y dedicación.

Botella. Surgirá una interesante propuesta que puede provocar un cambio trascendental.

C

Caballo. Montarlo indica que la ambición desmedida debe ser controlada, ya que redundará negativamente sobre el futuro. Problemas en el trabajo ocasionan dificultades que es preciso enfrentar para que sean vencidas.

Cabaña. Anuncia una vida apacible y agradable. Sin grandes emociones pero también sin grandes desgracias. Obtener la felicidad costará esfuerzos y sacrificios, pero el resultado será altamente positivo.

Cabellos. Perderlos anuncia una desgracia familiar y verlos amistad asegurada. Un amigo prestará su apoyo en el momento en que más lo necesita.

Cabeza. Si es una cabeza calva indica que un amor apasionado renovará las ansias de vivir y decapitada la dignidad y el orgullo serán duramente lastimados por una persona muy cercana. Cortársela a alguien anuncia litigios, problemas de índole legal serán la constante de los días venideros.

Cabra. Advierte acerca de la necesidad de controlar los nervios; en caso contrario, sobrevendrá una grave enfermedad que demandará grandes gastos y desequilibrará el presupuesto.

Cadáver. Es siempre un buen presagio, anuncia vida larga y feliz, nacimiento de un niño en la familia o grandes alegrías en el futuro.

Cadenas. Un revés de la suerte acarreará melancolía, dolor y tristeza.

Caer. Soñar que se cae en un pozo profundo, insatisfacción del plano sexual. Caer en un barranco, augurio de alteraciones en el sistema nervioso. Ser empujado, traición inesperada de un allegado, de alguien que goza de toda la confianza.

Café. Beber café presagia la reafirmación de una relación amorosa, felicidad en el futuro. Verlo indica calumnia, maledicencia, provocada por la envidia de una persona de cabellos rojos o rubios. Derramarlo, pérdida de un proyecto deseado desde tiempo atrás.

Caja. Abrir una caja presagia un cambio total y una nueva vida. Vacía, pérdida de dinero, mal presagio en relación con el plano económico. Llena, la inteligencia y la perseverancia permitirán realizar un excelente negocio.

Calavera. Provocará alegría inesperada, buenas noticias que llegan del extranjero y momentos de gran dicha.

Cama. Si está rota supone insatisfacción en el plano sexual. Estar acostado en ella, la desconfianza es una mala consejera, el amor y la fidelidad son los signos de este momento y es preciso creer en ellos. Vacía indica decepción amorosa, peligrosa ruptura de una relación muy importante.

Camisa. Anuncia buen augurio y el inicio de una etapa marcada por la buena suerte, momento ideal para emprender planes postergados. Hacerla prevé grandes novedades en el plano amoroso; una nueva relación se inicia o se consolida una ya existente. Si está sucia, una persona cercana a quien tiene el sueño le engañará, provocándole un gran dolor.

Candelabro. Es una advertencia sobre deslealtad, comienza una etapa en la que el egoísmo y la mezquindad son quienes dominan.

Cantante. Revela que grandes alegrías, noticias inesperadas y posibilidad de vivir situaciones insospechadas están próximas.

Carnaval. Es una advertencia, propone revisar la manera superficial y frívola con que se enfrenta la vida en este momento y modificar así la actitud.

Carneros. Es un aviso de dificultades en el plano económico. Negros, indican tristeza y dolor por el daño ocasionado por un amigo.

Carro. Viajar en él, indica el triunfo de los hijos en la edad adulta. Tirar de él, es el aviso de que entrará dinero inesperadamente por una herencia posible o por ganancias en el juego. Verlo pasar revela que el grupo familiar se solidifica y habrá armonía y gran comprensión en el hogar.

Castillo. Augura un futuro de comodidad, buena situación económica y lleno de satisfacciones. Pasear por sus ruinas anuncia que la influencia positiva del pasado se hará sentir en el presente. Hallarse en él revela que se abre una gran posibilidad para el futuro. Es preciso decidir con calma y sin premuras el camino a tomar.

Caverna. Si el que sueña esta dentro, una persona muy querida se distanciará sin dar explicaciones. Refugiarse en ella anuncia angustia y soledad.

Caza. Un hombre intentará provocar un daño con calumnias y maledicencias, pero su mala acción será vencida con la verdad.

Ceguera. Soñar con ella, señala cobardía, miedo a enfrentarse con la realidad.

Cementerio. Es un anuncio de futuras alegrías. Llegada imprevista de alguien que se hallaba distanciado.

Cepillar. Cepillar el cabello señala egoísmo, narcisismo, excesiva valoración de las apariencias. Cepillar ropa indica una posible ruptura con la persona amada, provocará un sentimiento de gran desdicha que sólo será superado con la llegada de un nuevo amor.

Cerezas. Comprarlas significa la pérdida de un familiar o una persona muy allegada a la familia y verlas es un buen augurio que anuncia momentos de gran felicidad, plenitud afectiva.

Cerillas. Prenderlas es señal de buen augurio, surgirán nuevos proyectos. Apagarlas, presagia malos momentos, enfermedad o disgustos de una persona querida.

Cerradura. Anuncia problemas de robo cercano. También puede anunciar que se avecina una época de grandes dificultades laborales.

Cerveza. Rubia, anuncia la llegada de una carta lejana que traerá buenas nuevas. También puede ser la llegada inesperada de una persona rubia que favorecerá la vida hogareña. Negra, problemas de salud, compensados con la llegada de dinero no esperado

Chimenea. Si esta encendida anuncia que se aproxima una aventurada pero positiva proposición de trabajo. Con el fuego apagado, pérdida de trabajo, problemas laborales serios.

Choque. Si es de coches, una mujer mayor, soltera o viuda, tendrá una nueva posibilidad sentimental. De trenes revela problemas circulatorios en un futuro no muy lejano. De aviones, irritaciones, manchas, alergias, problemas de piel. Contra un animal, postergación de un proyecto para una persona joven. Contra un muro, noticias peligrosas en el plano laboral.

Chufas. Se avecina una etapa sin cambios notorios, pero con pequeñas modificaciones que harán menos pesada la rutina y más agradable la vida cotidiana.

Cielo. Si es claro y soleado, se acerca una etapa de felicidad y logros, plenitud afectiva. Si está estrellado anuncia un viaje inesperado y muy placentero. Tormentosos, los problemas personales conviene separarlos del trabajo, para evitar un conflicto laboral.

Cigarrillos. Es una llamada de atención que anuncia que el tiempo perdido jamás podrá ser recuperado.

Cigüeña. Momento propicio para planear viajes.

Cinturón. Verlo o llevarlo indica alegría, consumación de anhelos postergados. Encontrarlo anuncia que paulatinamente gozará de mayor influencia. Perderlo recuerda que una magnífica ocasión acaba de pasar desapercibida y ya es tarde para recuperarla. Comprarlo indica seguridad en el amor.

Ciprés. Verlo anuncia la pérdida de un familiar muy querido o un accidente inesperado y plantarlo que es preciso emplear más dinamismo para llevar adelante los planes previstos.

Ciruelas. Comerlas indica la pérdida de un amigo por engaño o traición. Verlas, felicidad estable en un futuro lejano.

Cisnes. Excelente momento para inversiones, anuncia un futuro de riqueza.

Ciudad. Si es grande revela nuevas experiencias muy positivas que contribuirán a dar un vuelco total a la vida llevada hasta el presente. Pequeña, significa pasividad y conformismo, temor a afrontar la realidad. Desconocida, posibilidad de viaje. También puede tratarse del conocimiento de una persona extranjera que tendrá una influencia vital en el futuro.

Coche. Revela una buena posibilidad de inversión y llegada de una cantidad de dinero imprevista.

Cojear. Anuncia que avecinan problemas legales. Rencillas en el hogar, pueden desembocar en la pérdida o alejamiento temporal de una persona muy querida. Divorcio.

Cojín. Revela que no saber guardar un secreto ocasionará un dolor y alejamiento de alguien querido.

Columpio. Es augurio de inteligencia en una decisión que se reflejará en éxito cercano. Es preciso no dejarse influenciar en esta etapa, podría ser negativo.

Comer. Es siempre un augurio de suerte y prosperidad. Comer solo, indica probables desavenencias familiares que deben ser tenidas en cuenta, y en compañía que las amistades juegan un rol muy importante en el futuro.

Cometa. Una cometa elevándose, es un buen presagio de que se aproximan momentos de gran dicha, éxito en el plano laboral y suerte en la concreción de planes ya ideados. Verla caer, anuncio de malas noticias venidas desde lejos.

Comprar. Comprar objetos indica que la generosidad excesiva puede ser tan negativa como el egoísmo. Comprar alimentos puede indicar una posible pérdida de dinero por inversiones alocadas. Pérdidas en el juego.

Corbata. Si está anudada, el exceso de responsabilidades, compromisos y obligaciones provocan una terrible sensación de ahogo y desasosiego. Comprarla anuncia problemas sentimentales. Es preciso no caer en la melancolía.

Correr. Atraviesa un momento de gran indecisión. Las circunstancias exigirán una definición ante una propuesta inesperada.

Cortar. Es un mal augurio, anuncia lágrimas en la familia por enfermedad repentina o accidente.

Cosecha. Si es una buena cosecha es un excelente momento en el plano laboral. Un aumento o un cambio inesperado abrirán totalmente el campo laboral hacia un futuro de éxito. Mala revela peligros para la economía por gastos incontrolados.

Cruz. Una persona a la que se creía enfadada o molesta reaparecerá y tendrá una influencia muy positiva en el futuro.

Cuadro. Pintarlo indica que se inicia una nueva amistad que depara momentos muy gratos. Comprarlo anuncia un casamiento inminente, o unión comercial con dicha y felicidad duraderas. Quitarlo anuncia la pérdida de un préstamo. Colgarlo en la pared revela que el falso orgullo y la terquedad impiden el progreso de una importante relación afectiva.

Cubo. Llenarlo anuncia que se aproxima una aventura que hará vivir momentos de gran placer y sensualidad. Vacío revela que la falta de tenacidad y sentido común, acarrearán pérdidas económicas y tristeza en el campo afectivo.

Cucarachas. Verlas presagia que se abre una gran posibilidad en el campo artístico con posibilidades de triunfo. También indican gran riqueza espiritual, movimiento interior, cambios constantes y muy positivos.

D

Dado. Revela un excelente momento para los juegos de azar, suerte y ganancias opulentas.

Desfiladero. Quien sueña con un desfiladero revela angustia por el fracaso a nivel afectivo, ansias sexuales insatisfechas.

Desierto. Pasear por él es un buen augurio, anuncia correspondencia en el ser amado, felicidad y unión plena. Sentirse perdido en él significa fracaso de un proyecto o problemas que no se solucionan.

Desnudo. Indica una etapa de una gran exaltación espiritual, grandes avances en el campo afectivo y en el conocimiento de sí mismo.

Despertar. Revela que un hombre mayor reaparecerá y hará sentir su influencia positiva en el futuro.

Desvestirse. Denota sorpresa, alegría inesperada con la llegada de una noticia que revolucionará el hogar. Ver a alguien que se desviste anuncia pérdida de un objeto de mucho valor.

Diablo. Revela que los temores actuales son infundados. La imaginación hace ver espejismos. Se aproxima una etapa positiva.

Diamante. Verlo, es indicio de un futuro colmado por el éxito, reconocido públicamente. Recibirlo anuncia amor duradero, momentos de gran felicidad, fidelidad. Perderlo, augura momentos de desdicha por el alejamiento de un ser querido.

Dibujar. Ver un dibujo indica que una persona cercana no se atreve a declarar su amor; felicidad conyugal, momento óptimo para la relación. Realizarlo anuncia problemas en el campo afectivo, miedo a comprometerse y sufrir a causa de ello, tentación a ser infiel.

Dientes. Es muestra de que afianza una amistad que será muy importante en el futuro y que contribuirá a alejar la soledad. La pérdida de alguno indica dolor por muerte cercana.

Difunto. Es un buen presagio, anuncia salud y felicidad, larga vida para los seres queridos.

Dinero. Poseerlo es muestra de que ha llegado el momento de enfrentarse la realidad sin demorarse por más tiempo, sin acarrear conflictos insalvables. Ganarlo anuncia que se salvarán con inteligencia y voluntad los obstáculos que están deteniendo el avance en este momento. Encontrarlo anuncia que es un buen momento para juegos de azar; inversiones arriesgadas y que la suerte tendrá un papel importante en el futuro. Perderlo indica problemas familiares por malos entendidos; será necesaria una aclaración.

Disfrazarse. Se aproximan problemas respiratorios e indisposiciones. Conviene consultar con un médico. Ver a alguien disfrazado anuncia un regalo inesperado, o mejora en una situación provocada por un hombre joven.

Dolores. Son siempre el anuncio de una etapa mala para la salud.

E

Elefante. Con la trompa alta, anuncia abundancia económica, excelente ubicación social y profesional y vejez plena y rodeada de la abundancia. Con la trompa baja, dificultades laborales o profesionales, competencias desleales

Embarazo. Es un augurio de abundancia, plenitud en el futuro, etapa corta pero de gran plenitud.

Enamorarse. Anuncia una situación de infidelidad que terminará en ruptura, separación o divorcio. Se avecinan momentos de dolor y humillación.

Enano. Se acerca un momento de gran prosperidad; es ideal para llevar a cabo proyectos postergados. También puede ser el anuncio de la llegada de un niño en el sueño de una mujer.

Enemigo. Encontrar un enemigo augura el triunfo sobre él. Verlo pasar, anuncia el comienzo de una etapa caracterizada por la negatividad, sin grandes desgracias pero salpicada de pequeñas situaciones desagradables.

Entierro. Se anunciará un matrimonio o se concretará una unión que parecía difícil.

Equipajes. Son símbolo de un viaje inesperado, muy placentero y que al mismo tiempo servirá para reafirmar un sentimiento.

Escalera. Indica la existencia de problemas sexuales que no deben ser negados.

Esconder. Encerrarse en sí mismo, sólo logrará aumentar el gran sentimiento de soledad que caracteriza este momento.

Escribir. Si lo hace quien sueña, indica que precisa la ayuda de los que lo rodean para poder seguir adelante. Ver escribir indica que recibirá dinero de una inversión que se creía perdida.

Espada. Una persona mayor del sexo femenino le otorgará protección y ayuda para cubrir el camino que lleva al éxito.

Espalda. Si se ve una espalda de mujer, augura una vejez feliz y plena. De hombre, alerta sobre el peligro de contraer todas las responsabilidades sin deslindar en personas de confianza. Fea y vieja, augura una vejez desgraciada, con problemas graves de salud.

Espejo. Anuncia calumnias, habladurías, traición de una persona muy querida.

Espiar. Un proyecto anhelado hallará graves obstáculos para concretarse. Solamente luchando con decisión y ahínco será posible llevarlo a cabo.

Esqueleto. Es un excelente augurio; anuncia la llegada de un niño a la familia. Espléndido momento profesional, es una época que se caracteriza por la suerte en todos los niveles.

Establo. Soñar con animales en un establo habla de un presente laborioso y a veces desalentador que culminará en un futuro coronado por cierto éxito. Sin animales, construcción de una casa, reformas, actividad inmueble.

Estatua. Soñar con una estatua de piedra indica problemas en el terreno afectivo y discusiones. Si es de metal anuncia amigos que se pelean y buenas noticias de dinero, pero rota prevé que una persona allegada al campo profesional intentará crear dificultades.

Estrangular. Estrangular a alguien significa que se aproxima una discusión dolorosa y grave. Ser estrangulado anuncia temor a una amenaza justificada.

Estrellas. Si son claras y brillantes, anuncian el nacimiento de un amor en el momento más inesperado. Ver brillar una más que las demás, es un augurio de felicidad y sueños a realizar.

Excremento. Si es de animal es muestra de que llegará suerte, buenos momentos, alegría familiar. Si es humano, es un símbolo de problemas de imprevistos desagradables.

Explosión. Un acontecimiento inesperado desbaratará los planes familiares y sembrará el temor, época de gran plenitud.

Extraviarse. El camino del éxito y la felicidad estarán sembrados de escollos, pero el resultado final es el triunfo.

F

Familia. Verla es un buen augurio y concreción de un proyecto muy ambicionado. Verla discutiendo, anuncia momentos de gran incomprensión, no valoración de los esfuerzos y triunfos obtenidos hasta el presente en el grupo familiar.

Faro. Revela la traición de una mujer que fue importante en otro momento de la vida. Problemas sexuales.

Ferrocarril. Verlo, es presagio de fortuna y felicidad. Viajar en él anuncia un posible accidente, no es conveniente planear viajes en estos días.

Fiesta. Anuncia la proximidad de una gran pasión que hará ver la vida desde otra óptica. Momentos de gran felicidad compartidos con una persona insospechada.

Flechas. Es un anuncio de cambios. Surgirá una interesante propuesta que puede provocar un cambio trascendental.

Florero. Lleno de flores es una sorpresa agradable, buenas noticias. Romperlo, anuncia superación de problemas de salud crónicos, que se padecen desde hace años y que hallarán su cura.

Fotografiar. Es un temor al fracaso en el plano de la amistad, miedo a sufrir, desconfianza, temor a ser rechazado.

Fresas. Verlas indica a alguien cercano que padece una enfermedad muy dolorosa que no tardará en hallar alivio a sus males. Comerlas anuncia que se aproxima una gran oportunidad que conviene no dejarla pasar desapercibida. Cogerlas, que se avecina un problema familiar de separación o discusión muy grave para un familiar cercano.

Frutas. Verlas es una interesante propuesta para abrir un nuevo panorama laboral; conviene meditarla y no actuar apresuradamente. Comerlas es un mal augurio relacionado con la salud, como problemas del aparato digestivo. Es conveniente consultar con un médico. Comprarlas indica temor a una amenaza que no se justifica.

Fuego. Augura una etapa de pasión Todo se disfrutará con mucha intensidad; etapa de la vida irrepetible. Apagarlo, es una advertencia sobre una inesperada pérdida de dinero por robo. También puede ser riesgo de ser estafado en futuras inversiones.

Fuente. Si está manando agua, es un excelente augurio, comienza una época de felicidad intensa, cambios positivos, alegría. Seca es soledad, incomprensión, falta de apoyo para seguir adelante.

G

Gallina. Comer gallina en el sueño anuncia calumnias y maledicencias de parte de un amigo. Verlas, asegura un futuro óptimo de paz y felicidad en el grupo familiar con gran unión y solidaridad.

Gallo. Augura el éxito en una discusión, pero si está herido anuncia problemas legales y dificultades que acarrearán angustias.

Gato. Un gato de color negro es un mal augurio, relacionado con la falta de suerte en la vida personal y laboral. Comienza una etapa negativa. Verlo indica que una persona de confianza lo traicionará, impulsado por un secreto afán de venganza.

Gente. En general simboliza problemas y discusiones que ocasionarán dificultades en el trabajo y obstaculizarán la concreción de un proyecto, salvo que se la vea vestida de negro, pues en tal caso significa la muerte por accidente o enfermedad de una persona allegada que vive lejos.

Gentío. Revela un profundo sentimiento de soledad. Sobreviene una época de depresión y melancolía.

Gimnasia. Se aproxima una ocasión adecuada para prestar atención a un consejo desinteresado que ofrece una mujer rubia.

Golpear. Ser golpeado, anuncia que la suerte dará un viraje muy positivo y comenzará una etapa de grandes logros. Golpear a la persona amada anuncia que los celos injustificados pueden ocasionar serios daños a la pareja. Gopear a una persona desconocida, vaticina peligro para quien sueña, por su falta de reflexión, su excesiva impetuosidad.

Guantes. Una pena le afligirá y alguien le ofrecerá consuelo.

Guerra. Vaticina momentos muy difíciles en el plano familiar. Divorcio, separación o momentos muy dolorosos. También puede tratarse de enfermedad inesperada de una persona joven, con hospitalización.

Guitarra. Vaticina el reencuentro con un antiguo amor.

H

Hambre. Anuncia prosperidad. Se cumplirán los sueños que ya se creían postergados definitivamente.

Harina. Es uno de los peores presagios. Encarna muerte, desgracia, llanto, pena, desesperación.

Heredar. revela un mal momento para inversiones o juegos de azar, vaticinio de pérdida importante de dinero.

Herrero. Problemas que parecen insalvables serán vencidos con tenacidad y voluntad. Es conveniente tener presente que estas dificultades serán muy grandes y el causante será quien menos se espera.

Hielo. Revela que se avecina una etapa de serenidad.

Hierba. Si esta verde, anuncia problemas sexuales que deben ser tomados en cuenta para no llegar a una separación con la persona amada. Si está seca se acercan problemas de salud, trastornos bronquiales que deben ser atendidos. Estar tendido sobre ella, augura una época de bonanza y prosperidad. También puede presagiar la llegada de un niño a la familia, que traerá grandes alegrías.

Hoguera. Vaticina el triunfo sobre aquellos que quieren destruir una unión con la maledicencia y las habladurías.

Hombre. Anuncia que se aproxima una época de gran plenitud en el plano sexual. Una pasión que nace o que se reaviva, culminará felizmente.

Hormigas. Vaticina que se perderá dinero mal invertido, lo que ocasionará serios contratiempos y desarreglará el presupuesto familiar.

Hospital. Estar en un hospital indica que se tendrán noticias de alguien conocido a quien la suerte ha beneficiado.

Hotel. Una nueva amistad deparará momentos de gran satisfacción y tendrá un gran peso en el futuro.

Huevos. Este sueño es muy buen augurio ya que anuncia la llegada de una posible herencia o un regalo muy valorado y ansiado. Comerlos prevé dificultades en el trabajo que se resolverán favorablemente y rotos, discusiones con un amigo íntimo.

Huerto. Anuncia un gran momento para el amor y para las relaciones sociales. Logros en el campo profesional y noticias inesperadas que contribuirán a solidificar la felicidad que caracteriza esta etapa.

Huracán. Comienza una etapa caracterizada por la melancolía, la depresión y las crisis internas.

I

Iglesia. Anuncia una época de calma y serenidad, en la que no habrá grandes cambios ni grandes sobresaltos.

Insectos. Ver uno es una advertencia acerca de una inesperada pérdida de dinero, posiblemente por robo o accidente. Ver un enjambre, advierte sobre la posibilidad de ser engañado por alguien en quien se confía ciegamente. Ser picado por ellos anuncia riesgos de ser estafado en cuestiones de dinero. Verlos en una dimensión mayor a la que tienen, temores absurdos e injustificados que obstaculizan la concreción de un ambicioso proyecto.

Inválido. Es un mal augurio relacionado con la salud, los accidentes, los imprevistos funestos. Si se padecen problemas en las extremidades o articulaciones, ha llegado el momento de consultar con un médico.

Invierno. Insatisfacción sexual, problemas conyugales o de la pareja relacionados con la actividad sexual. Solamente la sinceridad y la superación del egoísmo y los falsos pudores podrán resolverlos.

Isla. Es anuncio de un sentimiento profundo de insatisfacción, sensación de no ser justamente valorado, soledad. Sobreviene una época de depresión y melancolía.

J

Jabón. Las dudas y recelos son infundados. No tiene sentido desconfiar con tanta intensidad. Una mujer muy leal servirá para recuperar confianza.

Jardín. Anuncia una época de actividad sexual insatisfactoria y problemas íntimos de cierta gravedad que no quieren admitirse o se intenta disimular inútilmente. Si se lucha con sinceridad para resolverlos, se presentará una agradabilísima sorpresa.

Jaula. si está vacía anuncia miedo a la soledad, conciencia del propio egoísmo, y temor al rechazo de una persona importante. Estar dentro de ella indica que una mujer rubia causará mucho daño intencionadamente y no recibirá justo castigo por ello. Estar en ella pero con la puerta abierta revela que una mujer morena calumniará movida por un impulso absurdo de venganza. Con pájaros anuncia violentas rencillas en el hogar, pero feliz reconciliación. Con animales feroces advierte acerca de la importancia de mirar la vida desde una óptica un poco más optimista si se quieren alcanzar las metas anheladas.

Jefe. Advierte sobre cambios notables en asuntos de dinero o en la realización de un viaje que significará un gran beneficio.

Jorobado. Es un excelente augurio de dicha y prosperidad futuras.

Jugar. La irresponsabilidad puede llevar al descrédito y al engaño. Es preciso jugar limpio en esta etapa.

L

Ladrón. Verlo anuncia que se aproxima una etapa de plenitud en el campo sexual y en el de las relaciones afectivas. Es el tiempo de enamorarse, de declarar lo que se siente, de compartir planes futuros, de reconciliaciones. Ser robado advierte del temor al fracaso sexual, a la insatisfacción, a no estar a la altura de las circunstancias. Percibirlo cerca es signo de que es preciso confesar una mentira si no se quieren padecer consecuencias mucho más graves que la humillación momentánea. Detenerlo, anuncia una etapa de depresión y melancolía.

Lágrimas. Llega una carta desde lejos trayendo gratísimas nuevas o se recibe un regalo que no se esperaba.

Lámpara. Ha llegado el momento de emplear la sagacidad y la energía, pues se avecinan obstáculos que parecerán insalvables, pero que pueden superarse.

Lápiz. Problemas en el área sexual causados, en buena medida, por falsos pudores y falta de sinceridad.

Lavar. Lavar el propio cuerpo es un augurio venturoso relacionado con dinero: aumento de sueldo, cobro de antigua deuda, herencia inesperada o éxito en una inversión. Lavar a otra persona simboliza que será necesario apelar a la paciencia para no perder la calma ante una inminente crisis en la familia. Sólo así se podrá mantener la paz y la tranquilidad. Lavar ropa de colores revela que una persona joven solicitará ayuda ante un problema sentimental, y ropa blanca que habrá problemas en un hogar allegado o actitud obstinada de un familiar mayor que sólo sirve para crear desavenencias. Lavar en aguas limpias anuncia que se inicia una nueva etapa signada por la buena suerte. Hacerlo en aguas termales, advierte contra los desórdenes, la falta de control y los riesgos que ello acarrea en el plano de la salud; en aguas sucias es una invitación a una velada muy divertida. Si son turbulentas es un reconocimiento social a la tenacidad puesta en un proyecto.

Leche. Se trata de un buen augurio, denota buena suerte en los juegos de azar y todo lo que esté relacionado con números (incluyendo dinero), y también en lo relacionado con niños. Si se ve leche derramada, es un momento óptimo para concebir un hijo.

Leer. Un proyecto en el que se depositan grandes esperanzas terminará por realizarse, pero demandará bastante más tiempo del calculado y, además, tendrá que superar grandes dificultades.

León. Anuncia la aparición de una persona, hasta hoy desconocida, que se comportará de un modo muy agradable y ayudará desinteresadamente ante un problema que surgirá con el cambio de estación. Pero, si se tratara de autoridad o alguien muy poderoso, conviene desconfiar de él, pues puede ocultar intenciones no tan benéficas.

Libro. Solamente una justa autoestima podrá ayudar en un futuro inmediato lleno de problemas, en el que no se podrá contar con ninguna ayuda y será necesario apelar a las propias fuerzas.

Llaves. Verlas anuncia un casamiento feliz o una invitación a una boda que acarreará dicha prolongada a los contrayentes. Ver una sola prevé obstáculos y riesgos en un viaje que se plantea; conviene postergarlo, pues implica riesgos de accidente o tragedia. Perderlas es señal de desavenencias en el hogar, amargas rencillas que dejarán un desagradable sabor de rencor y despecho, pero hallarlas significa un golpe de suerte que ayudará a resolver una difícil situación íntima.

Lluvia. Presagia dificultades y contratiempos en una etapa que se iniciará más o menos con el cambio de estación. Pero si se ve llover sin mojarse significa que una persona mayor, calva o con cabellos blancos, prestará una gran ayuda en un momento extremadamente difícil en el plano económico.

Lotería. Jugar es un anuncio de pérdida de dinero o postergación de un aumento de ingresos con el que se calculaba. Ver jugar traerá suerte en los juegos de azar. Ganar señala que un detalle servirá para descubrir la envidia que experimenta un allegado, posiblemente un hombre con escaso pelo en la cabeza.

Lucha. Vencer, anuncia un momento muy dichoso en el que se obtendrá prestigio. Luchar con un familiar revela egoísmo de una persona mayor perteneciente a la familia que crea desavenencias por cuestiones sin importancia. Hacerlo con un amigo supone problemas de dinero o malentendido por un comentario sin importancia con una persona allegada, probablemente una mujer. Con un animal, accidente en las manos o las piernas. Ver luchar animales, malestar en el aparato digestivo. Con un desconocido, enfermedad en el aparato respiratorio, conviene tratar bien los resfriados. Con un niño, muerte de alguien allegado, aunque viva lejos. Con alguien que ya ha muerto, visita inesperada que trae un mensaje que despierta ilusiones de dicha futura.

Luna. Revela problemas de salud, pero felicidad plena en el amor.

Luto. Es un presagio de mucha suerte en general.

M

Madera. Sorprendentemente, una persona con autoridad, un jefe, alguien poderoso, intervendrá en un momento crítico y resolverá un problema de manera muy favorable. Conviene oír sus consejos para evitar que los problemas se repitan en el futuro.

Madona. Anuncia una motiva demostración de fidelidad de un amigo.

Manantial. Verlo, presagia que un conflicto legal concluirá en poco tiempo, de modo favorable. Oírlo caer sin verlo anuncia alegría por una grata noticia. De aguas turbias es un aviso de discusiones con un abogado o dificultades de tipo legal. Beber de él, indicio de buena salud y augurio de vejez feliz.

Mandarina. Olerla es una invitación a una reunión extraña, apasionante, en la que se conocerá gente divertida. Comerla es señal de plenitud en el campo económico, éxito en los negocios y los juegos de azar. Verla anuncia que se avecina una etapa feliz en el hogar gracias a una buena administración económica que permite alcanzar un objetivo muy anhelado.

Marcharse. Significa el clamor de nuevos horizontes, la llamada de la aventura, el ansia de cambiar. Es un buen augurio puesto que la etapa aparece como propicia para intentar grandes cambios.

Manos. Si son grandes y fuertes es augurio de peligro en el campo sentimental, riesgos de infidelidad. Delicadas y pequeñas revelan traición o mala jugada de una mujer morena y atractiva, relacionada con asuntos de dinero. Rugosas y ancianas avisan de un susto en la familia por enfermedad de un ser querido que no resulta tan grave como se temía. Blancas, muy pálidas, es señal de ayuda de un ser querido, mayor. Cerradas, augurio de felicidad en el hogar. Estrechándose indican buenas perspectivas para un viaje de placer. Sucias, enfermedad de un niño y amputadas, tragedia en el hogar, muerte o enfermedad grave de un ser muy querido.

Máquina. La máquina de escribir es señal de reconciliación con una persona a la que no se veía desde hacía tiempo por un malentendido que se aclarará con alegría. La de coser anuncia la solución de un difícil problema gracias a la mediación de una mujer poderosa. La máquina industrial revela problemas en el trabajo. Si es muy antigua, signo de prosperidad y riqueza, es un buen momento para las inversiones.

Mar. El mar agitado, advierte acerca de la urgencia de controlar las emociones si no se quiere fracasar en el plano afectivo. Sereno indica éxito en los negocios o en un proyecto que incluye un viaje de negocios. Con mucha espuma anuncia rencillas y desavenencias en la familia debidas al comportamiento de un niño o una persona muy joven. Navegar es signo de la posibilidad de conocer a una persona que desempeñará un importante papel en el futuro.

Mariposa. Anuncia grandes cambios y también grandes dificultades.

Martillo. Alguien cercano le pedirá dinero, creando una situación tensa y embarazosa.

Matar. Matar a otro hombre es un augurio funesto y se avecina una etapa de mala suerte, de momentos muy negativos. Matar a una mujer anuncia pérdida de dinero, malos negocios, amenaza de quiebra o ruina debida a pésimas inversiones que no fueron suspendidas a tiempo. Matar a una persona mayor es señal de que es preciso cuidarse de la calumnia y la maledicencia, pues pueden ocasionar grandes pesares entre personas queridas. Matar a un niño anuncia felicidad en la pareja y plenitud sexual, pero también rencillas derivadas de celos injustificados. Matar a una muchacha joven advierte de la necesidad de consultar al médico, pues el exceso de tensión y los nervios pueden derivar en problemas más graves. Matar animales, mal presagio, se aproximan momentos desagradables. Ser muerto, excelente augurio de buena suerte.

Médico. Anuncia una agradable sorpresa en el trabajo.

Mesa. Una calumnia amenaza con crear distancias con una persona muy querida. Es importante aclarar las cosas.

Miedo. Presagio funesto, augura angustia, pérdidas, penas.

Monedas. Si son de oro es un vaticinio de prosperidad, de buenos negocios o de dinero obtenido por la consecución de un pleito o un asunto en el que intervinieron abogados. De plata auguran buen negocio que beneficiará a la empresa o a otros, pero que implicará un reconocimiento de los propios méritos. De cobre anuncian problemas en el hogar por una mala administración del dinero. De uso corriente son señal de trastornos en la piel, manchas, irritaciones, alergias. Encontrarlas es un espléndido augurio en todos los planos de la vida. Gastarlas indica que no faltará ocasión de disgustos y rencillas en un hogar cercano en el que habita gente querida y que sólo podrá resolverse con un doloroso alejamiento.

Monstruo. Mal augurio en el sentido en que vaticina la aparición de un obstáculo de importancia en la consecución de un proyecto importante.

Montaña. La inteligencia y la propia capacidad serán puestas a prueba en pocas semanas, ante la inesperada aparición de un problema que tiene solución, pero que demanda grandes esfuerzos.

Morir. Es un augurio de buena salud y larga vida.

Muebles. Anuncia que estabilidad y tranquilidad son los signos dominantes de la próxima etapa de la vida.

Mujer. Si es joven anuncia la posibilidad de cambio de casa, traslado ventajoso o mudanza de ciudad o país por cuestiones de trabajo que debe aprovecharse, pues resultará muy beneficioso. Joven y fea es señal de cambios positivos en el trabajo, pero joven y bonita anuncia noticias desagradables en el plano laboral. Morena indica una traición por parte de alguien cercano, probablemente una mujer, relacionada con cuestiones familiares o de parentesco. Pelirroja, éxito social, prestigio. Desconocida, problemas en el hogar por habladurías. De pelo blanco, exagerada protección a los padres. Es preciso ser más independiente.

Muñeca. Invitación a una fiesta o conocimiento de una personalidad singular a la que, sin embargo, no se volverá a ver nunca más.

Muralla. Si no se ven los límites revela un exceso de conformismo que dificulta la obtención de las grandes metas, pero limitada revela un anhelo de cambiar de vida, de iniciar una etapa menos rutinaria. Semidestruida anuncia que un recuerdo de infancia regresará para aclarar un enigma que nunca tuvo explicación. Protegiendo un castillo advierte de ambiciones desmedidas que nunca podrán alcanzarse y dificultarán la obtención de metas más modestas. Si esta protegiendo una fuente artística es augurio de buena suerte en todos los planos de la vida.

N

Nadar. Nadar en aguas tranquilas indica que se tiene necesidad de protección y se siente soledad y cansancio de luchar contra tantas adversidades, deseos de recibir más colaboración y ayuda. Nadar en aguas turbulentas revela que los esfuerzos recibirán su justa recompensa, siempre que no se trate de viajes o de compra de una nueva casa. Salvar a una mujer que se ahoga advierte que se recibirá una emotiva demostración de afecto de parte de los amigos más queridos. Salvar a un hombre que se ahoga revela que se recibirá una ayuda inesperada y muy valiosa. Salvar a un niño indica ansias de independizarse de las opiniones paternas, animadversión contra los padre.

Nieve. Advierte que no es un buen momento para innovaciones. Incluso, resulta conveniente postergar los viajes.

Nubes. El augurio se relaciona con la vida afectiva y señala melancolía, dificultades, tristeza.

Números. Conviene jugar al número que se sueña, pues soñar números siempre es un indicio de buena suerte.

O

Oasis. Advierte acerca de la importancia de ver la realidad tal como es para alcanzar las metas que se ambicionan. Las soluciones mágicas sólo sirven para obstaculizar el camino hacia el éxito.

Ojos. Ver los ojos cerrados anuncia un amor apasionado y reconciliación o plenitud afectiva en la pareja. Si están abiertos vaticina felicidad y alegría en los días venideros en el campo de los afectos. Sentir dolor en los ojos anunica que se aproximan angustias por un sentimiento no correspondido o posibilidad de rechazo amoroso.

Olivo. En un momento difícil que se aproxima, los amigos reafirmarán su condición de tales prestando un apoyo leal y desinteresado.

Olla. Visitas inesperadas e indeseables ocasionarán celos o angustias en el hogar.

Ombligo. La influencia de personas mayores pertenecientes a la familia puede resultar negativa en un momento crítico. Conviene ser más independiente.

Orquesta. La orquesta en un teatro, presagia el fin de la rutina, el cambio de una etapa monótona por otra nueva. Tocando al aire libre, anuncia un parto feliz en el círculo de allegados.

Orilla. Ver la orilla, advierte acerca de la necesidad de desoír el consejo de personas cercanas, ya que es interesado y no procura el bien. Pasear por ella anuncia nostalgia y tristeza por la tendencia a considerar que el pasado fue más dichoso que el presente. Volver atrás es imposible, de modo que conviene mirar con realismo hacia el futuro. Estar sentado en ella, recomienda disfrutar con mayor intensidad de las buenas oportunidades que ofrece la vida.

Oro. Soñar con oro en cualquier forma que no sea monedas es siempre símbolo de pérdidas económicas, malas inversiones, negocios desacertados, postergación de aumentos de sueldo, o préstamos de dinero que no se recuperará.

Oso. Es un augurio de buena suerte en el plano afectivo.

Otoño. Es un anuncio de noticias positivas relacionadas con asuntos legales. Nunca se tratará de grandes cantidades de dinero, pero sí de agradables sorpresas como recibir una herencia inesperada o ganar un pequeño pleito gracias a la habilidad de un abogado.

P

Pájaros. Pájaros heridos anuncian que se presentarán obstáculos insalvables y volando que no es momento propicio para cambiar de forma de vida; viajar ahora puede resultar perjudicial en el plano económico. Cogerlos es un excelente augurio relacionado con cualquier cuestión de dinero. Darles de comer es un presagio positivo y venturoso en el plano familiar. Pájaros nocturnos auguran que se vencerá un obstáculo que parecía insalvable.

Pala. Augura un reconocimiento de los propios méritos en el plano laboral.

Paloma. La envidia llevará a alguien muy querido a traicionar las penas; pero esta traición arrancará lágrimas.

Pan. Verlo, anuncia prosperidad o etapa feliz para una persona joven de la familia. Fresco y crujiente augura que las dificultades desaparecerán a largo plazo. Duro anuncia que un comentario injusto provocará tristezas.

Pantalón. Perder el pantalón revela problemas con la autoridad, individuos de uniforme o personas jerárquicas. Quitárselos anuncia una enfermedad benigna, dolorosa pero sin consecuencias. Si está roto anunica que un favor que se hace hoy será agradablemente recompensado en el futuro. Verlo anuncia un amor apasionado y regalos placenteros.

Pañuelo. Anuncia que se acerca una situación de peligro y dificultad causada por una persona desconocida. Lágrimas y dolor próximos.

Papel. Augura problemas judiciales que se resolverán desfavorablemente provocando decepción, rencillas con seres queridos y exceso de nervios.

Paquete. Recibir un paquete anuncia pérdida de un objeto de gran valor afectivo. Hacer un paquete augura que se recibirá un obsequio muy agradable. Enviarlo prevé una noticia inesperada y grata que llega del extranjero.

Paraguas. Un paraguas cerrado anuncia que surgirán obstáculos aparentemente insalvables que resultarán muy fáciles de sortear. Abierto, significa amistad fiel, desinteresada, con la que se puede contar en todos los momentos. Roto, infidelidad, engaños en la pareja.

Parir. Es un excelente augurio y símbolo de alegría y abundancia por cuestiones económicas.

Pasear. Llegarán noticias reconfortantes de alguien a quien se creía muerto o definitivamente alejado.

Pasillo. Un pasillo oscuro revela sensación de soledad, injusta valoración de las personas cercanas, sensación de no poder contar con nadie. Luminoso y corto anuncia buena confianza en sí mismo, ansias de superación, grandes proyectos. Largo advierte de problemas sexuales y de insatisfacción que deberán ser consultados con un especialista.

Pastel. Anuncia una invitación a una velada muy divertida donde se conocerá a una persona que tendrá importancia en el futuro.

Patatas. Advierten de problemas de salud del aparato digestivo o circulatorio. Ha llegado el momento de consultar al médico.

Pato. Anuncia una vida social agitada, aventuras imprevistas, veladas muy divertidas, posibilidad de un viaje con amigos.

Peinarse. Augura que el egoísmo desmedido obstruye la posibilidad de ser feliz. Ser peinado es señal de que es importante no desmerecerse ante los ojos de los demás y ser valorado en sus justos méritos.

Pendientes. Alguien confiará un secreto trascendental. Resulta decisivo no traicionar jamás esta prueba de confianza; de lo contrario, el incidente será recordada a través de los años.

Peñascos. Advierte acerca de los celos injustificados y del impulso a manifestarlos que pueden provocar injustas y dolorosas rencillas familiares.

Perdonar. Algo ocurrido en el pasado amenaza al presente. No se debe sentir más temor, pues se trata de un asunto que ya todos han olvidado.

Periódico. Malas noticias relacionadas con dinero.

Perlas. Una palabra injusta, una crítica demasiado dura, provocarán lágrimas de pena e impotencia.

Perro. Ver un perro, significa que se podrá contar con la ayuda de una buena amiga que merece toda la confianza que se deposita en ella. Atarlo es señal de amenaza de robo en el hogar o pérdida de un objeto de valor. Verlo morder anuncia un trágico accidente de alguien que vive lejos. El perro de caza es un buen augurio de suerte en todos los niveles. Si es de compañía anuncia armonía y plenitud en el hogar.

Piano. Una niña o un niño cercanos recibirán una invitación para viajar o un regalo muy apreciado.

Piedra. Ver una piedra augura que se recuperará una cantidad de dinero que se daba por perdida. Si son piedras blancas o lisas de colores claros es un buen augurio. Golpearse contra una piedra es anuncio de desdicha. Si son piedras preciosas anuncian que la terquedad y la falta de ecuanimidad causan problemas con seres queridos.

Pintar. Si se confía más en las propias decisiones, se podrán alcanzar las metas anheladas.

Pistola. Disparar, presagia grandes éxitos en el terreno afectivo o ser juez y parte de una desavenencia familiar en la que quien sueña retornará las aguas a su cauce gracias a su ecuanimidad. Abrirla o manipularla revela impulsos sexuales que no se manifiestan en libertad por temor al rechazo. Cargarla, advierte acerca de la necesidad de comprometerse más con un proyecto para asegurar su éxito. Verla anuncia ira descontrolada en el plano laboral si se trabaja junto con amigos o rencilla con amistades.

Placer. anuncia herencia inesperada o regalo muy apreciado para una persona joven, de la familia o allegada.

Plantas. Plantarlas es augurio de buena suerte futura para un niño o una persona joven, de cabello muy corto. Regar las plantas anuncia dicha matrimonial o en la pareja. Si existen problemas de salud en uno de los dos cónyuges, se solucionarán muy pronto. Verlas anuncia que llega noticia u objeto desde muy lejos.

Playa. Una playa solitaria es un augurio de éxito. Solitaria en la nocheadvierte de una rotura de gafas o accidente vinculado con cristales. Concurrida revela hastío de obligaciones sociales, necesidad de aislamiento, de vida más reposada. Con viento anuncia problemas oculares o cefaleas. Soñar una tragedia en la playa es augurio de buena suerte para una persona de cabello rubio.

Plumas. Herencia litigios por dinero en el que intervendrán abogados, problemas legales.

Pomada. Untarla sobre la propia piel revela miedo a ser engañado, desconfianza excesiva de las amistades, pavor a una traición. Untar a una mujer revela que es imposible anhelar el triunfo si no se admite la verdad, si no se enfrenta la imagen real de sí mismo. Untar a un hombre revela que quien sueña es demasiado interesado y, si no corrige esta tendencia, padecerá una gran soledad. Untar a un niño augura un amor inconfesado y necesidad de protección de la persona amada. Verla es una advertencia acerca de riesgo de accidente con fuego.

Ponche. Revela problemas en las vías respiratorias. Tal vez hubo una enfermedad en la infancia que nunca se curó del todo. Conviene consultar al especialista.

Pozo. Ver un pozo anuncia matrimonio feliz, descendencia dichosa para los solteros y posibilidad de un nuevo hijo para los casados. Lleno de agua indica estabilidad financiera como premio a una buena administración. Extraer agua, pérdida de dinero por robo. Un pozo de aguas turbulentas es un augurio de mala suerte en cuestiones de dinero. Tenerlo en la propia casa revela una enfermedad en las articulaciones o un accidente no muy grave en las manos. Echar una piedra en él advierte de cefaleas y migrañas. Lavarlo augura que no se debe demorar tanto en tomar determinaciones si no se quiere correr el riesgo de que sea demasiado tarde. Caer en él es señal de angustias por una sexualidad insatisfecha. Ver brillar algo en el fondo simboliza la riqueza y abundancia.

Primavera. Augura el nacimiento de una buena amistad o la revalorización de los lazos que unen con personas muy cercanas.

Príncipe. Ver un prínicpe en un cuadro o dibujo augura problemas con el coche. Verlo en un libro anuncia envidia mal disimulada hacia un amigo al que se cree querer. Verlo personalmente indica reconocimiento de los propios méritos en el plano laboral. Hablar con él presagia que es preciso cuidarse de la envidia ajena que puede causar mucho daño. Verlo a caballo anuncia que ha llegado el momento de ahorrar, pues el futuro deparará un gasto no calculado. Verlo en una carroza significa que es buen momento para invertir en obras de arte.

Pringoso. Advierte de un sentimiento de culpa ante un comportamiento inadecuado que sólo desaparecerá confesando la falta.

Prisión. Estar en ella es una advertencia de que se está cerca de cometer un grave error; conviene pensar dos veces antes de actuar. Salir de ella significa que se obtendrá el consentimiento de un ser querido para realizar un proyecto de vital importancia. Caer en ella, ser detenido, anuncia muy buena suerte en los juegos de azar. Estar encadenado advierte que es preciso afrontar la vida con mayor energía. La indecisión puede causar daño a personas queridas. Ver el edificio a lo lejos anunica una enfermedad pasajera, sin consecuencias, y oír hablar de ella enfermedad leve de un familiar o allegado.

Proceso. Anuncia un cambio sustancial en la vida afectiva producido por la reaparición de una persona que fue muy importante en el pasado.

Prometer. Se sufrirá una amarga decepción por la inesperada deslealtad de alguien en quien se confiaba.

Puente. Augura que una persona alejada retorna trayendo inquietud y desavenencias a la familia, el hogar o los amigos.

Puerta. Si está cerrada indica retraso en todos los proyectos, mal momento para inversiones o grandes cambios. Se recomienda esperar mejores épocas. Entreabierta presagia acumulación de unos obstáculos que podrán vencerse, pero que requerirán grandes esfuerzos. Con mirilla anuncia que se recibirá apoyo y buenos consejos de una persona mayor o alguien poderoso. Con timbre presagia que llegará ayuda de parte de alguien en quien no se confiaba y a quien no se valoró debidamente. Abierta señala un momento propicio para llevar adelante los proyectos. Verse en la puerta es un vaticinio de sufrimiento y penas en el amor.

Puerto. Augura que un secreto, guardado durante mucho tiempo, al fin podrá ser conocido.

Puñal. Indica que el exceso de ira hará más grave una situación de enfrentamiento y dificultará la reconciliación.

Q

Quemar. Quemar trigo o paja anuncia un amor ardiente que halla plena correspondencia. Quemar hierba indica que las calumnias o conspiraciones no podrán destruir un sentimiento recíproco. Quemar bosques es señal de que las ambiciones desmedidas de triunfo producirán frustración y amargura. Ver quemarse una casa es temor a un secreto del pasado. Ver quemar la propia casa es augurio de alegría y de paz.

Quiosco. Anhelo de reconocimiento y justa valoración de parte del círculo de amistades.

Quistes. Es un buen augurio si se planean unas vacaciones muy movidas con recorrido de diversos lugares. Habitualmente, es un vaticinio positivo en todo lo que se vincula con viajes.

R

Raíces. Ver raíces señala desavenencias y amargura en el plano sentimental o de la pareja. Tropezar con ellas anuncia problemas financieros causados por una mala administración de dinero. Hallarlas excavando es augurio de que nunca se disfrutará de una gran riqueza.

Ramas. Ramas secas anuncian desgracia en una casa cercana. Si son verdes, el nacimiento de un niño. Taladas, gasto imprevisto que desbarata el presupuesto.

Ranas. Es un buen augurio relacionado con una alegría muy grande que se experimentará como reconocimiento en el plano laboral: aumento de sueldo, hallazgo de algo valioso o concreción de un viaje.

Ratas. Ver ratas significa un buen momento para realizar inversiones inmobiliarias, compra de casas o terrenos. Oírlas es indicativo de alegrías, noticias excelentes que llegan de alguien muy querido pero que no vive cerca. Ser atacado por ellas augura que se obtendrá un crédito o un amigo o familiar ofrecerá dinero para concretar un proyecto. Cogerlas vivas anuncia que alguien saldrá adelante de una delicada intervención quirúrgica. Ver muchas es éxito en un proyecto. Matar una es augurio funesto, fracaso de un plan.

Rayo. Es sinónimo de pérdida, de dolor, de penas y enfermedades; es uno de los vaticinios más negativos que existen.

Regañar. Anuncia un buen momento para cualquier tipo de actividad relacionado con el pasado, con la infancia, con las antiguas amistades.

Rey. Soñar con un rey o una reina es un augurio de éxito en los proyectos y un anuncio del comienzo de una nueva etapa llena de posibilidades, pero verse coronado como rey vaticina pérdida o alejamiento de algún ser muy querido por malentendidos, cólera injustificada o rencillas.

Reír. Reir augura buenas noticias y oír reír a la distancia significa que se recibirán gratas nuevas de alguien que vive lejos.

Reloj. El reloj de péndulo anuncia problemas en el hogar por dedicar más tiempo al trabajo y a las propias ocupaciones que a la familia. Si es de muñeca presagia una etapa feliz en el plano familiar. Oír su tic-tac señala aprensión excesiva a enfermarse que incordia a los seres queridos. Es preciso ser menos egoísta. Darle cuerda advierte de que no se deben medir con distinta vara los errores propios y los ajenos si no se quiere sufrir soledad en el futuro. Hallarlo anuncia que se avecina una etapa muy feliz. Hallarlo roto es una invitación a una emocionante aventura. Verlo roto o parado, augura la aparición de un obstáculo insalvable. Si cae o se avería, significa que se padecerá una penosa enfermedad.

Reptil. Significa engaños y mentiras provenientes de alguien en quien se confía ciegamente.

Restaurante. Advertencia acerca de un viaje programado. Si es un avión, pueden surgir gastos mayores de los previstos. Si se utiliza autobús o tren, se perderá algo valioso. Si es en barco, problemas digestivos con el cambio de comida. Si es en coche, avería o accidente.

Retrato. Ver un retrato sobre una mesa, augura pérdida o penas para la persona cuya foto está enmarcada. Verlo colgado anuncia una enfermedad para la persona del retrato. Ver la propia foto indica que es preciso revisar el propio comportamiento, puesto que los seres queridos no tienen una imagen tan perfecta de quien sueña como él supone. Ver un desconocido enmarcado significa hallazgo de un objeto de valor. Ver una desconocida, hallazgo de un objeto propio que se daba por perdido.

Río. Un río de aguas limpias es excelente augurio para la concreción de todo tipo de proyectos relacionados con viajes. De aguas turbulentas anuncia la realización de un viaje que dejará recuerdos desagradables. Ver como se desborda es un augurio negativo de pérdida de objetos de valor o problemas laborales. Bañarse en él anuncia buena suerte, tranquilidad y sosiego para personas mayores allegadas. Atravesarlo es la realización de un proyecto como premio a los propios esfuerzos. Dormirse en su orilla es un trágico presagio de muerte cercana. Navegarlo es un triunfo en el amor.

Robo. Tontas habladurías llevadas a cabo sin mala intención perjudicarán a una persona allegada o querida.

Ropa blanca. Augurio de vejez feliz para quien sueña o noticia muy agradable para persona mayor cercana.

Ropa de color. Vaticinio feliz para una persona joven, posiblemente relacionado con sus estudios, la obtención de un trabajo que anhela o un obsequio.

Rosas. Oler rosas anuncia que lo imprevisible actúa a favor o se presentará una oportunidad inesperada para llevar adelante un proyecto, y no hay que dejarla pasar. Recibirlas indica plenitud en el amor, etapa de dicha afectiva. Regalarlas significa necesidad de afecto, porque hay una soledad excesiva y falta de comprensión real de las personas cercanas. Pincharse con una espina indica divorcio, separación grave. Coger un ramo es augurio de dicha, placeres y diversiones.

S

Sábana. Anuncia que surgen dificultades que serán vencidas finalmente, si se emplea coraje y perseverancia.

Sacerdote. Ver un sacerdote es mal augurio, anuncia la llegada de tiempos difíciles, dificultades de orden financiero, problemas familiares y profesionales. En un púlpito advierte que una persona de influencia la está empleando para hacer fracasar una cuestión legal. Bendiciendo augura que se inicia una etapa de paz, con tendencia a la melancolía contra la que será preciso luchar. Verlo rezando en una iglesia indica que llega carta o noticias de un familiar distante, que deparará grandes alegrías en el futuro familiar.

Sal. Verter la sal es una mala predicción, advierte sobre posibles disputas, separaciones, infidelidad en el campo afectivo. Comprarla anuncia que una persona que se halla enferma encontrará pronta mejoría.

Sala. Si el que sueña está en ella, augura para quien lo sueña enfermedad en el futuro, pena y desazón. Verla anuncia una época de gran integridad familiar.

Salir. Salir sin dificultad es una advertencia sobre la posibilidad de que un hombre mayor, bondadoso y honorable, se halla dispuesto a ofrecer ayuda, pero salir encontrando resistencia presagia que alguien cercano no dice la verdad y elige escudarse en el engaño.

Saludar. Una persona joven irrumpe violentamente, su presencia no tardará en advertirse benéficamente. Saludar a desconocidos es una invitación a una velada que resultará muy importante; en ella se encontrarán personas nuevas y encantadoras.

Salvar. Un gesto imprudente, realizado sin mala intención, provoca malestar y un desagradable malentendido. Ser salvado es muy buen augurio: indica que alguien cercano que se encuentra enfermo, sanará.

Sangre. Anuncia dificultades que se superponen, pero que no deben acobardar, pues el triunfo es seguro y definitivo. Sangre brotando de una herida, anuncia un dolor, un daño irreparable en la dignidad. También puede tratarse de un engaño o mentira de alguien inesperado.

Sastre. Ser sastre anuncia noticias de un matrimonio roto, o viaje y alejamiento por largo tiempo de un familiar muy querido. Verlo, augura que el empleo de la iniciativa y el estímulo personal hallarán el premio merecido en un momento en que se presentan grandes cambios.

Sed. Saciar la sed, advierte sobre un viaje inminente que conviene demorar por riesgos de accidente o robo. Sed sin saciar indica insatisfacción y cierto abatimiento por el mal momento que pasa alguien muy querido.

Seda. Comprar seda anuncia que se avecina un corto pero intenso período de felicidad. Llevarla en los vestidos augua que un imprevisto aguarda en el futuro inmediato. Su signo es totalmente positivo y acarreará beneficios en el plano financiero.

Seducir. La falta de flexibilidad y comprensión de la postura de los demás amenaza con llevar al que lo sueña a un abismo de soledad y abatimiento. Ser seducido, anuncia la llegada de una situación inesperada en el plano afectivo con momentos de gran intensidad.

Selva. Puede iniciarse una nueva relación, o bien una relación estable, que atraviesa un momento de opacidad puede adquirir nuevos matices gratificantes.

Seno. Auguran siempre buenos momentos, estabilidad económica y prosperidad. En el sueño de un hombre es presagio de desgracias, pérdidas y enfermedades.

Serpiente. Ver una serpiente augura deslealtad, infidelidad, traición de una persona muy querida. Matarla anuncia una etapa difícil en las relaciones con los demás. Propensión a irritarse por nimiedades y a dar importancia a asuntos que no la tienen. Ser mordido por ella anuncia una llegada inesperada de dinero; puede tratarse de una deuda que se realice por pérdida o de un incremento de honorarios. Tenerla enroscada en el cuerpo augura erotismo, sensualidad, apetito sexual insatisfecho.

Sol. Ver salir el Sol, augura triunfo en el plano social o invitación inesperada para unas vacaciones dichosas. serlo en el horizonte, advierte sobre posibles accidentes, incendio, problemas con el coche.

Soldados. Anuncian discusión en la calle, con la intervención de la policía, o carta portadora de malas noticias. También puede tratarse de dificultades con la autoridad, problemas enojosos con la burocracia estatal o altercado con consecuencias con un superior en el trabajo.

Sombrero. Llevarlo puesto anuncia novedades importantes en el plano laboral que pueden incluir desde una tentadora oferta hasta una espectacular renuncia o despido. Quitárselo significa que el destino conducirá a una encrucijada cuya solución podrá hallarse en el extranjero.

Sorpresa. Un secreto guardado celosamente a través del tiempo será desvelado por un extraño.

Sortija. Llevar la sortija puesta augura posibles inquietudes provocadas por un imprevisto en la rutina, que lleva a imaginar un futuro intranquilo y problemático. Encontrarla anuncia una discusión familiar con problemas de dinero. Recibirla de regalo promete un cruce ocasional con una persona que tuvo gran importancia en el pasado. Provocará un sentimiento de gran melancolía y tristeza. Si es de marfil, anuncia la llegada de una etapa excelente en el plano de la salud. También puede tratarse de curación rápida de un familiar que padecía una larga enfermedad.

Subterráneo. Es necesario confiar más en los amigos, pues ellos son leales y están dispuestos a manifestar su solidaridad.

Sudar. Es un mal augurio. Se aproxima una situación desagradable que puede destruir lo construido hasta el momento.

T

Tabaco. Estar fumando, advierte sobre la falta de veracidad de los juramentos de amor que se han recibido hace poco tiempo. Conviene tomar recaudos para no sufrir. Esparcirlo anuncia noticias inesperadas o probable viaje al extranjero con resultados muy positivos para el futuro. Comprarlo augura que gastos imprevistos acarrearán un leve desequilibrio económico en el plan familiar.

Té. Beber té indica malestar físico ocasionado por un disgusto que tardará en ser olvidado. Es conveniente precisar más atención a los nervios. Comprarlo anuncia que una persona que llega del extranjero, intervendrá sin ser llamada, causando problemas en el hogar. Situaciones injustificadas de celos, derivarán en agrias discusiones.

Teatro. Actuar en el teatro augura una inminente aventura muy placentera. Ser espectador anuncia que es necesario confiar más en los amigos, sobre todo si son mayores. Son fieles y están dispuestos a demostrarlo si es necesario.

Tejado. Ver un tejado anuncia que es un excelente momento para inversiones arriesgadas. También advierte sobre la posibilidad de una mudanza. Caer de él advierte del peligro de enfermedad grave o accidente a un familiar muy cercano.

Tela. Cortar tela augura vida breve pero muy dichosa. Verla, augura el fin de la época de tristeza y cierto abatimiento que marcaba las semanas anteriores, ya que se halla consuelo en una persona muy leal. Comprarla anuncia llegada imprevista de dinero y buen momento para ahorrar.

Telefonear. Un sueño largamente acariciado se hace realidad y sus beneficios redundan de manera directa en el hogar.

Telegrama. Recibir un telegrama indica que el exceso de trabajo y la falta de orden en la vida de todos los días acarrearán un trastorno en el organismo que requerirá tratamiento médico. Enviarlo, augura el inicio de una nueva relación, que puede ser sentimental, de amigos nuevos o bien en el campo de los negocios.

Televisión. Una relación seria respecto al pasado servirá para comprender un problema económico que hasta el momento resultaba incomprensible. Comprarla, si es cierto que siempre hay un nuevo amanecer, este es el momento de esperarlo. Los malos tiempos llegan a su fin y se anuncia un futuro venturoso.

Tempestad. Advierte de un riesgo en el caso de emprender un viaje. Conviene postergarlo.

Templo. Anuncia que es un momento ideal para asociarse e intentar emprender nuevos negocios.

Terraza. Ver una terraza, anuncia la posibilidad de que una persona cercana haya mentido, denuncia que algo ha ocurrido de un modo que no es cierto. Tomar el sol en ella anuncia que puede llegar un animal doméstico de regalo. Estar en ella anuncia la oportunidad de realizar buenas inversiones.

Tierra. Sembrar la tierra augura riqueza y prosperidad en los años venideros. Ensuciarse con ella advierte que un gesto imprudente, realizado sin mala intención, provoca malestar y un desagradable malentendido.

Tigre. Es un buen augurio de éxito en el plano laboral.

Tomate. Comer tomate advierte sobre una posible herencia o llegada de dinero inesperada que puede provenir del juego. Comprarlo anuncia una sorpresa que modificará todos los planes que se daban por seguros.

Toro. Ver un toro anuncia que un proyecto se concretará. Comprarlo previene de problemas familiares que se avecinan, provocados por un malentendido que creará tensión. Torearlo indica un buen momento para hacer un análisis de conciencia. La terquedad y la falta de flexibilidad para con los demás provocará dificultades difíciles de resolver.

Torre. Ver una torre, es un trágico augurio para quienes no confían en sus propias fuerzas y todo lo esperan de los demás. En cambio, es una señal positiva para quienes confían en sus virtudes y atributos. Estando en ella, se abren excelentes perspectivas en el campo económico. Excelente momento para producir inversiones o cambios de trabajo.

Tortuga. Ver una tortuga anuncia demora en todos los planes, los acontecimientos se sucederán mucho después de la fecha prevista. Tocarla augura que se recuperará una amistad que se creía perdida.

Torturar. Torturar a alguien advierte sobre lo innecesario que es continuar esperando aquello que se aguarda con tanto entusiasmo, ya que no hay posibilidad de que llegue en largo tiempo o tal vez nunca. Ser torturado anuncia que se recibirá un consejo que no parecerá importante, pero que, si se sigue, facilitará la realización de un proyecto.

Trabajar. Se concretará una unión que parecía difícil y poco probable o se anunciará un casamiento inesperado.

Traicionar. Se presenta un inesperado problema legal que requiere de los servicios de un abogado. Su trámite será complejo.

Trampa. Advierte sobre problemas sexuales. Convendría consultar con una persona idónea, ya que de no ser superados, podrían ocasionar separaciones o ruptura con la persona amada.

Tren. Viajar en el tren indica que hay un viaje pendiente en el horizonte, y no tardará en concretarse. Verlo pasar, anuncia el fin de un proyecto ambicionado durante mucho tiempo, cuyo resultado será decepcionante. Verlo descarrilar, una frase oída al azar, una conversación interceptada involuntariamente, provocan una amarga incertidumbre. Perderlo anuncia que comienza una etapa excelente para definir situaciones que estaban pendientes. Magnífica oportunidad para resolver una situación sentimental que lleva mucho tiempo.

Trepar. Trepar por un barranco augura problemas económicos derivados de la falta de entusiasmo puesto en el trabajo y del escaso afán de progresar. Un árbol, un amigo de la infancia reaparecerá prestando su apoyo oportunamente. Trepar por un muro augura éxito, triunfo, alegría, momentos de inmensa dicha.

Tropezar. Advierte a quien sueña sobre el riesgo de cometer un error por dejarse llevar por la ira, que luego sería insuperable. Es conveniente analizar más exhaustivamente la situación.

Trueno. Alguien, no demasiado cercano, facilita una información que en breve tiempo se convierte en excelente noticia.

Tumba. Es un buen augurio, denota buena suerte en los juegos de azar y todo lo que esté relacionado con números y también con niños.

U

Uniforme. Llevarlo puesto, advierte sobre un futuro de serenidad y prosperidad. Verlo anuncia inconvenientes y malos entendidos con alguna persona influyente.

Universidad. Ver la universidad anuncia que oportunamente llegarán ayuda y apoyo del grupo familiar. Estar en ella augura que comienza una etapa de intensidad pasional en los sentimientos, vale la pena disfrutarla sin temores absurdos.

Uñas. Uñas largas indican que una reacción excesiva provoca enfado y un estallido de ira. Cuidado con las discusiones en la calle. Cortas, tristeza y melancolía provocadas por una debilidad extrema para enfrentar la vida. Cortarlas, reconocimiento general de esfuerzo de quien lo sueña.

Útero. Augura un nacimiento en la familia. También puede ser que una persona inesperada ejercerá su influencia benéfica.

Uva. Anuncia un renovado ímpetu en la vida sentimental. Se inicia una etapa de gran plenitud sexual, muy pasional.

V

Vaca. Es un presagio feliz. Anuncia el advenimiento de una época de calma y felicidad.

Vacaciones. La falta de estímulos en la lucha conspira contra la consecución de los sueños. Es preciso ser más dinámico y entusiasta.

Vaso. Ver un vaso lleno es una invitación a una boda; también puede ser una propuesta de matrimonio. Si el líquido es claro, anuncia momentos de gran felicidad; si es oscuro, augura penas y rencillas familiares.

Velero. Ver un velero, anuncia viaje o alejamiento de alguien muy cercano por largo tiempo. Navegar en él aungura que se recibirá un regalo muy gratificante o una noticia en la que se hablará de un regalo que no demorará en concretarse.

Vendar. Es un excelente augurio, la suerte y la abundancia se aproximan.

Ventana. Ver una ventana abierta anuncia que el panorama general se esclarece, se alejan los malos momentos vividos y comienza una etapa muy positiva para el cambio de trabajo, viajes, o mudanzas. Cerrada augura problemas económicos derivados de la falta de entusiasmo puesto en el trabajo y del escaso interés puesto en progresar.

Verano. Advierte sobre la concreción de un viaje proyectado y muy deseado, que vendrá acompañado de dicha y nuevas ansias de vivir.

Vergüenza. Anuncia éxito en un proyecto que se veía siempre postergado.

Verja. Indica que es tiempo de no innovar; es sueño de advertencia; aconseja no probar ninguna clase de cambio en este momento.

Vestirse. Un regalo excesivo, demasiado costoso, crea incomodidad y no se sabe cómo agradecerlo.

Viaje. Un secreto confesado por un hombre joven, rubio, abrirá un nuevo panorama insospechado. También puede tratarse de que el interés de alguien altruista y desinteresado se hará efectivo en estos días.

Viejo. Augura siempre longevidad, vejez feliz.

Viento. El viento frío indica que el dolor y las heridas provocados por un amor pasado no han cerrado aún y dificultan una nueva relación. El viento cálido augura que alguien envía dese lejos una noticia excelente. Puede tratarse de una mujer de la familia que vive en un lugar lejano.

Vino. Es siempre un buen augurio. Advierte sobre el inicio de una etapa muy beneficiosa y un aumento del capital.

Visita. Anuncia reconciliación con una persona muy querida después de una dura pelea.

Volar. Advierte sobre el peligro de la falta de sentido común en la administración del dinero, que puede desembocar en graves dificultades en el futuro.

Y - Z

Yeso. Advierte que la excesiva desconfianza en los demás puede conducir a una vida de soledad y frustración. Es hora de reconocer a cada uno de sus verdaderos valores.

Yunque. Anuncia problemas de índole sexual, temor al sexo.

Zanahorias. Comer zanahorias indica que la salud está necesitando una atención especial y es conveniente visitar al médico. Comprarlas es un excelente augurio en el campo económico: se abre una posibilidad inesperada que puede conducir a la riqueza.

Zapatos. Es una advertencia de pobreza futura

Zorro. Ver un zorro anuncia un enfado sin motivos aparentemente justificados que derivará en una situación de separación y enojo cuyas consecuencias se prolongarán a través del tiempo. Cazarlo augura mal momento para las inversiones arriesgadas: conviene ser precavido.

www.ingramcontent.com/pod-product-compliance
Lightning Source LLC
LaVergne TN
LVHW051351080426
835509LV00020BA/3382